REINDUSTRIALIZAÇÃO

para o desenvolvimento brasileiro

CONTRACORRENTE

Antonio Corrêa de Lacerda
(Organizador)

REINDUSTRIALIZAÇÃO

para o desenvolvimento brasileiro

SÃO PAULO

2022

CONTRACORRENTE

Alameda Itu, 852 | 1º andar |
CEP 01421 002
www.loja-editoracontracorrente.com.br
contato@editoracontracorrente.com.br

EDITORES
Camila Almeida Janela Valim
Gustavo Marinho de Carvalho
Rafael Valim
Walfrido Warde
Silvio Almeida

EQUIPE EDITORIAL
COORDENAÇÃO DE PROJETO: Juliana Daglio
REVISÃO: Graziela Reis
PREPARAÇÃO DE TEXTO: Amanda Dorth
REVISÃO TÉCNICA: Douglas Magalhães
DIAGRAMAÇÃO: Gisely Fernandes
CAPA: Marina Avila

EQUIPE DE APOIO
Fabiana Celli
Carla Vasconcellos
Fernando Pereira
Valéria Pucci
Regina Gomes
Nathalia Oliveira

Dados Internacionais de Catalogação na Publicação (CIP)
(Câmara Brasileira do Livro, SP, Brasil)

Reindustrialização : para o desenvolvimento
brasileiro / Antonio Corrêa de Lacerda,
(organizador). -- São Paulo, SP : Editora
Contracorrente, 2022.

Vários autores.
Bibliografia.
ISBN 978-65-5396-057-2

1. Desenvolvimento econômico 2. Desenvolvimento
social 3. Industrialização - Aspectos sociais
4. Industrialização - Brasil I. Lacerda, Antonio
Corrêa de.

22-128184 CDD-338.0981

Índices para catálogo sistemático:

1. Brasil : Industrialização : Economia 338.09812

Eliete Marques da Silva - Bibliotecária - CRB-8/9380

@editoracontracorrente
Editora Contracorrente
@ContraEditora

SUMÁRIO

SOBRE OS AUTORES

ANTONIO CORRÊA DE LACERDA

Doutor em Economia pela Universidade Estadual de Campinas (Unicamp) e Mestre em Economia Política e Bacharel em Ciências Econômicas pela Pontifícia Universidade Católica de São Paulo (PUC-SP). Atualmente, é professor da Faculdade de Economia, Administração, Ciências Contábeis e Atuariais da PUC-SP e coordenador do Programa de Estudos Pós-graduados em Economia Política da mesma instituição. É também professor convidado da Fundação Dom Cabral e da Fundação Instituto de Administração. É ainda comentarista de programas de TV, internet, articulista de jornais e revistas e palestrante em eventos nacionais e internacionais

CARLOS EDUARDO F. CABRAL

Mestre em Economia Política pela Pontifícia Universidade Católica de São Paulo e Professor Assistente Mestre do Departamento de Economia da PUC-SP.

DANILO SEVERIAN

Mestre em Economia Política pela Pontifícia Universidade Católica de São Paulo (PUC-SP) e doutorando em Desenvolvimento Econômico pelo Instituto de Economia da Universidade Estadual de Campinas (Unicamp). É pesquisador associado do Instituto de Pesquisa Econômica Aplicada (Ipea) e professor universitário.

EMERSON BRAZ

Graduando em Economia pela PUC-SP.

LUIZ NIEMEYER

Professor Associado do Departamento de Economia da PUC-SP.

MATHEUS LEMES

Bacharel em Economia pela PUC-SP.

NORMA CRISTINA BRASIL CASSEB

Doutora em Economia pela FEA/USP – Universidade de São Paulo e Professora titular do Departamento de Economia da PUC-SP.

REGINA MARIA A. F. GADELHA

Professora Titular do Departamento de Economia-FEA-PUC-SP e Coordenadora do Núcleo de Análise de Conjuntura Internacional--NACI, registro no CNPq.

INTRODUÇÃO

O livro discute os limites impostos pela desindustrialização, assim como as possiblidades da reindustrialização brasileira como política de desenvolvimento econômico e social. Trata-se de mais uma coletânea das pesquisas desenvolvidas no âmbito do Grupo de Pesquisas Desenvolvimento e Política Econômica (DEPE), vinculado ao Programa de Pós-graduação em Economia Política e ao Departamento de Economia da PUC-SP.

A realização deste trabalho contou com a imprescindível edição realizada pela Editora Contracorrente, que o publicou, assim como apoio do Programa de Incentivo à Pesquisa da PUC-SP (PIPEQ) e do Conselho Federal de Economia (Cofecon).

Promovendo uma interessante integração entre professores, egressos dos cursos de graduação e pós-graduação, alunos e pesquisadores, o livro é composto de cinco capítulos que trazem desde reflexões teóricas a respeito da temática até uma profunda análise do quadro internacional e a posição brasileira, enfim, são discutidas as principais questões envolvidas.

No primeiro capítulo, Antonio Corrêa de Lacerda traz uma discussão sobre a temática central, especialmente focada no caso brasileiro. A desindustrialização precoce da economia brasileira representa um claro fator limitador do desenvolvimento. Ao contrário de países ricos, o Brasil perde participação da indústria de transformação no Produto Interno Bruto (PIB), sem que ela tivesse contribuído para a ampliação da renda *per capita* do país. Portanto, reindustrializar a economia brasileira se torna imprescindível.

É viável reverter a desindustrialização em curso no Brasil e promover uma reindustrialização. No entanto, isso não será fácil, tampouco será algo automático, ou natural. Terá que ser um processo induzido, mediante a criação de um ambiente macroeconômico mais favorável à produção, a adoção de políticas de competitividade (ou seja, políticas industrial, comercial e de inovação), além do fomento à inovação e cultura empresarial (com o intercâmbio universidade--institutos de pesquisa-empresas).

Macroeconomia da desindustrialização, escrito por Norma Cristina Brasil Casseb e outros, aborda o fato de que o Brasil vive uma situação de profunda crise econômica, social e sanitária. Esta última ocasionada pela pandemia de Covid-19, agravada pela ausência de uma política e atuação sanitária do governo federal que impedisse a abrangência de casos e mortes, fazendo o país ocupar o segundo lugar no *ranking* de mortes por Covid-19 e suas variantes. A pandemia se abate sobre um país com a economia já enfraquecida, resultando em vasta tragédia humanitária.

Entretanto, é fato que essa crise econômica/social vem se acentuando dramaticamente nos últimos seis anos, especialmente no decorrer do atual governo, mesmo antes do agravamento da pandemia. Em 2019, por exemplo, o PIB *per capita* ficou praticamente estagnado, com apenas 0,3% de crescimento (IBGE).

A situação da economia brasileira remete a um movimento de retrocesso dos condicionantes elementares do desenvolvimento em nosso país. Na verdade, um retrocesso que coloca hoje o país na posição de candidato à periferia do sistema global, quando expõe sua condição de mero exportador de alimentos e bens primários no mercado mundial e importador de produtos que antes produzíamos ou que poderíamos estar produzindo.

No terceiro capítulo, *Industrialização e desenvolvimento: as contribuições de* Wilson *Cano*, Antonio Corrêa de Lacerda e Danilo Severian fazem um resgate da visão do importante economista falecido em 2020, trazendo uma análise da sua obra, especialmente no que se refere às questões da soberania, industrialização e integração regional. Uma preocupação central que permeia a produção intelectual de Cano é o da soberania nacional, embora nem sempre tratada de maneira direta. Seus trabalhos se endereçam continuamente ao tema, seja pela perspectiva da necessária industrialização enquanto estratégia para tal, seja pela análise dos conflitos distributivos que envolvem internamente o território e a espacialização da atividade produtiva, especialmente aquelas concernentes ao meio urbano e que desnudam as profundas desigualdades sociais do país.

Na tradição da Economia Política crítica, que busca dissecar do particular os elementos que dão sentido e conformação ao todo, debruçando-se sobre a relação dialética entre os fenômenos econômicos e sociais e suas interações mutuamente e simultaneamente transformadoras. Para isso, recorre à história e às peculiaridades que singularizam seu objeto de pesquisa em dado contexto: as cidades, a industrialização, a estrutura fundiária rural e a agricultura itinerante, a formação regional do Brasil, a reflexão sobre a América Latina e as relações de poder no mundo capitalista entre o centro e a periferia.

No quarto capítulo, *Política Desenvolvimento e retrocesso estrutural: origens do atraso*, Regina Maria A. F. Gadelha destaca que, no final dos anos 1990, intelectuais de todo o mundo pareciam despertar para as consequências da devastação implantada pelas políticas neoliberais sobre as relações de produção e trabalho em todo o mundo. No Brasil, a despeito das conquistas sociais consolidadas por meio da Constituição de 1988, assistiu-se à destruição progressiva dos ideais de uma democracia para todos – *desiderato* ético de nação dos que haviam lutado contra o regime militar de 1964. Entretanto a incompreensão do significado do processo de globalização mascarava o verdadeiro sentido da nova etapa de financeirização das economias, implantada na era Thatcher/Ronald

Reagan, e que acompanhara a ascensão do neoliberalismo durante o processo de dominação do capital financeiro em expansão.

A aceleração desse processo ao mesmo tempo que concentrava a riqueza era geradora de exclusão, ampliava o domínio do capital sobre o valor do trabalho das nações. Ao trazer uma análise da economia brasileira dos últimos trinta anos, Gadelha destaca que o atual presidente:

> representa o mais violento retrocesso democrático sofrido pela Nação desde sua independência, com degradação política, econômica e social refletida na destruição dos importantes biomas amazônico, cerrado de pantanal mato-grossense, avanço de mineradoras sobre comunidades indígenas, quilombolas e ribeirinhos, aumento da taxa de desemprego, ampliação da miséria absoluta já superada nos governos anteriores.

Finalmente, no quinto capítulo, Luiz Niemeyer traz a discussão sobre *Estado, Política Industrial e Tecnológica: reflexões sobre alternativas para a retomada da indústria brasileira*, uma revisão da literatura envolvendo importantes autores de cada um dos três tópicos acima. O que iremos demonstrar é que, apesar das barreiras envolvidas no tocante ao predomínio das políticas neoliberais nos últimos 25 anos, existem alternativas para a retomada da industrialização brasileira. Maior ênfase será dada a questões envolvendo desenvolvimento tecnológico e desenvolvimento econômico.

Para que o Brasil consiga retomar seu desenvolvimento industrial, é necessário que haja uma nova política industrial e tecnológica nos moldes daquelas discutidas ao longo do livro em tela.

O conjunto dos capítulos ao mesmo tempo que traduz a verdadeira armadilha da desindustrialização na qual a economia brasileira se vê envolvida nas últimas três décadas, por outro lado, denota que tanto a nossa experiência de industrialização no século XX quanto as boas práticas internacionais nos apontam um caminho de saída para o desenvolvimento. A enorme potencialidade do país nos campos energético, agrícola, hídrico e da biodiversidade, nos coloca numa situação ímpar, de reverter a desindustrialização e trilhar o caminho do desenvolvimento sustentável e criador de oportunidades.

CAPÍTULO I

A REINDUSTRIALIZAÇÃO BRASILEIRA

ANTONIO CORRÊA DE LACERDA

A desindustrialização precoce da economia brasileira representa um claro fator limitador do desenvolvimento. Ao contrário de países ricos, o Brasil perde participação da indústria de transformação no Produto Interno Bruto (PIB), sem que ela tivesse contribuído para a ampliação da renda *per capita* do país. Portanto, reindustrializar a economia brasileira se torna imprescindível.

A guerra Rússia-Ucrânia, assim como os impactos da Pandemia de Covid-19 denotam as vulnerabilidades da economia global, especialmente no que se refere às cadeias internacionais de suprimentos (CIS). Há várias frentes de contágio internacional sob o ponto de vista econômico: o financeiro, envolvendo os fluxos de capitais; o cambial, movimento das moedas; o de preços, com o aumento dos preços das commodities: grãos, energia etc. Mas é na esfera da produção que as mudanças em curso chamam mais atenção.

Várias frentes de produção sofreram rompimento de fornecimento, em especial o complexo químico-fármaco, mas também o automotivo e eletroeletrônico, com a carência de microprocessadores e IFAs. A guerra atual aponta para mais um complicador, a segurança de fornecimento.

Kristalina Georgieva, diretora-gerente do Fundo Monetário Internacional (FMI), admitiu, surpresa com os impactos negativos da guerra, especialmente que: “Não sabíamos que as cadeias produtivas estavam tão frágeis”. O fato é que, diante da situação de guerra física, tem se acirrado a guerra econômica das sanções impostas à Rússia e a réplica desta, não sem impactos na economia internacional.

Diante do impasse, as economias tendem a se fechar, na velha máxima “Farinha pouca, meu pirão primeiro”. Os EUA, que desde o início do Governo Biden havia tomado várias medidas protecionistas, tem intensificado suas ações nesse sentido. A Europa, também, por óbvio tem tomado suas precauções.

A precariedade das CIS revela, especialmente para os países em desenvolvimento, por outro lado a premência da busca da segurança de fornecimento. É a reversão dos pressupostos da globalização fortemente disseminada a partir da década de 1990 do século passado.

A despeito de vantagens competitivas advindas da especialização e do suprimento global de produtos e serviços, o fato é que o fator previsibilidade quanto a fenômenos como catástrofes, pandemias e epidemias, guerras e conflitos étnicos foram claramente subestimados.

Para o Brasil, especialmente nossa vulnerabilidade de fornecimento escancara a necessidade de uma revisão do nosso papel nas CIS. Tornar-se apenas fornecedor de commodities, além dos efeitos deletérios sobre a capacidade de geração de valor, com impactos no emprego e renda, também nos tornou excessivamente dependentes em muitas outras áreas.

É viável reverter a desindustrialização em curso no Brasil e promover uma reindustrialização. No entanto, isso não será fácil, tampouco será algo automático, ou natural. Terá que ser um processo induzido, mediante a criação de um ambiente macroeconômico mais favorável à produção, a adoção de políticas de competitividade (ou seja, políticas industrial, comercial e de inovação), além do fomento à inovação e cultura empresarial (com o intercâmbio universidade-institutos de pesquisa-empresas).

Vale destacar que as três esferas citadas: macro, meso e micro são complementares e interdependentes entre si. A falsa ideia da "compensação" não funciona, até mesmo porque é impossível balancear a competitividade, ainda mais em uma economia global, com base apenas em uma das vertentes.

É importante ainda ressaltar que se reindustrializar não é para quem quer, mas para quem pode. E o Brasil pode! Primeiro, porque detém economias de escala e de escopo. Explique-se que tem um mercado consumidor dos maiores do mundo, o que viabiliza muitas atividades por aqui. Isso é para poucos.

Mas, se nosso país é detentor de tamanha potencialidade, por outro lado há aspectos contrários; a política econômica de cunho liberal; a ausência de um pensamento econômico da produção por parte das entidades representativas da indústria; e o "pensamento único" vigente no (falso) debate econômico que chega ao grande público basicamente via os grandes meios de comunicação.

A política econômica em vigor no Brasil, além de limitada, ultrapassada e restrita causa estragos. Um deles, nessa visão simplificadora e sob o argumento da racionalização, foi a junção de vários antigos ministérios em um único, o da Economia. Na verdade, seria muito mais o das Finanças. Os ex-ministérios da Fazenda, do Planejamento, da Indústria e Comércio Exterior, do Emprego e Trabalho (que já havia incorporado o da Previdência) estão agora sob um mesmo chapéu. Mas, muito ao contrário do prometido, a junção tirou da agenda todos os aspectos envolvidos na questão da indústria. Não há interlocutores qualificados e empoderados para dialogar com o setor produtivo. Este, envolvido pelo pensamento dominante, também, com raras exceções, não consegue apresentar e defender uma agenda alternativa. Prevalece o desgastado discurso inócuo das tais "reformas" nem sempre explicitadas e a visão equivocada do "ajuste fiscal", do Estado mínimo e outras.

1 O quadro econômico recente

A pandemia de coronavírus (Covid-19), além de imenso flagelo humano e social para o mundo todo, também traz consequências gravíssimas para a economia mundial, provocando uma recessão. O impacto para a atividade econômica no Brasil implicou uma contração superior a 4% do Produto Interno Bruto (PIB) em 2020. O desempenho de 2021, embora estatisticamente positiva, representa apenas a retomada do nível de atividades de 2019. O quadro de 2022 depende, além da extensão da pandemia, principalmente da ousadia, agilidade e eficácia na adoção de políticas e medidas de contraponto à crise.

Nesse sentido, alguns aspectos devem ser considerados: o primeiro é que, bem antes da situação recente, a economia brasileira já vinha apresentando um quadro continuado de estagnação. No acumulado 2017-2019, o PIB *per capita* não cresceu mais do que apenas 0,3% ao ano, depois da queda de 6% acumulada em 2015-2016. Os investimentos, medidos pela formação bruta de capital fixo (FBCF) estavam em 2020 em um nível cerca de 25% inferior a 2014.

O aumento da nossa dependência de produção e exportação de *commodities*, ou de produtos de baixa complexidade e valor agregado, nos pega em cheio na atual crise. Além disso, também nos tornamos dependentes de partes e componentes produzidos em regiões da China que têm sido fortemente afetadas, prejudicando a produção brasileira.

O aumento da incerteza exacerba a volatilidade dos mercados, com impactos nos juros, câmbio e bolsas. Ao longo de 2020 esses efeitos combinados provocam uma postergação, ou mesmo cancelamento de novos projetos, investimentos e contratações, aprofundando a contração da atividade.

Diante desse quadro, a adoção de um conjunto de políticas e medidas anticíclicas por parte do Estado se mostram imprescindíveis. Para o Brasil, especialmente, dada a nossa extrema desigualdade regional e de renda, além da elevada vulnerabilidade de milhões de cidadãos, essas medidas se tornaram ainda mais cruciais.

- O primeiro aspecto é que foi e é preciso garantir recursos para ampliar capacidade de atendimento da Saúde. O avanço da pandemia nos exige um esforço extraordinário para ampliar a imunização da população via vacinação em massa, buscando reduzir a propagação da doença e a mortalidade;
- Também é fundamental que o programa complementar de renda básica propicie condições mínimas para parcela da nossa população mais exposta, como os em situação de rua, os trabalhadores informais e os desempregados em um sentido amplo;
- Para a retomada, torna-se ainda fundamental ampliar o crédito e financiamento para as empresas e famílias, mas em condições bem mais favoráveis do que se dispõe atualmente.

Todas as políticas e medidas adotadas em contraponto à crise implicam um custo expressivo. É um montante significativo de gastos, mas não fazê-lo significaria um custo econômico e social muito mais elevado, dado o aprofundamento da depressão e de seus efeitos como a quebra de empresas, aumento do desemprego e colapso da renda e também da arrecadação tributária, provocando forte impacto fiscal negativo.

Enfrentar a crise exige romper paradigmas, o que, juntamente com uma boa gestão, se faz determinante para amenizar os seus efeitos. A oportunidade que se apresenta é aproveitar a desvalorização do real para criar programas de estímulo à reindustrialização/ reconversão produtiva para suprir nossas necessidades e também criar novas oportunidades de emprego e renda.

O desempenho pífio da economia nos últimos anos tem impactado diretamente o mercado de trabalho. A taxa de desocupação é de 14,1%, em relação à População Economicamente Ativa (PEA), no trimestre de setembro a novembro de 2020. Com esse resultado, o IBGE estima que existiam 14 milhões de pessoas desocupadas no Brasil. Mais grave ainda é o resultado da taxa de subutilização da força de trabalho (pessoas desocupadas e subocupadas por insuficiência de horas trabalhadas), que reflete uma visão mais ampla e realista da situação do mercado de trabalho. Essa taxa total atinge 29%, equivalente a 32,2 milhões de pessoas.

Como cada desempregado a mais é um consumidor a menos, a retração do consumo dos que se encontram sem ocupação é o maior receio dos que permanecem empregados, o que faz com que a demanda desabe. Além disso, o crédito continua muito caro, a despeito do fato de que a taxa de juros básica (Selic) ter sido reduzida em 2020 para patamar historicamente baixo para padrões brasileiros. Com a elevação em 2021, o quadro ficou ainda mais complexo.

Também chama a atenção a ausência de políticas e medidas que impulsionem a produção, os investimentos e o consumo. O governo federal e a sua equipe econômica têm enfatizado seu discurso no papel das reformas como fator de confiança, reversão das expectativas e retomada das atividades. Trata-se, no entanto, de superestimar o seu efeito sobre as expectativas, assim como na ação do mercado para isso.

É preciso ir muito além do que medidas paliativas e pontuais como a liberação ocorrida de contas do Fundo de Garantia por Tempo de Serviço (FGTS), ou a antecipação do pagamento do 13º salário a aposentados. Embora possa ter algum efeito positivo sobre a demanda, as medidas citadas representam um impacto limitado e localizado, sem poder para representar uma reversão do quadro de apatia vigente.

Para se criar um ambiente mais favorável ao crescimento, a equipe econômica precisa diversificar suas estratégias e medidas, uma vez que muitas delas têm um tempo de maturação considerável.

Mas, para além disso, o Governo carece de melhorar a articulação, tanto internamente, quanto na sua relação com os demais poderes e os agentes econômicos. Da mesma forma, precisa ir além do "samba de uma nota só" do discurso da necessidade das reformas e seu papel na chamada "confiança". É preciso elaborar, apresentar e implementar um conjunto mais abrangente de medidas para acelerar a recuperação da economia.

A questão fiscal é relevante, mas é preciso lembrar que, sem crescimento econômico, qualquer tentativa de ajuste esbarra no impacto restrito da arrecadação em função da fraca atividade econômica. Portanto, fomentar a atividade econômica, dado o seu efeito multiplicador, produz impactos positivos sobre a arrecadação tributária e, consequentemente, sobre o quadro fiscal.

Na contramão, insistir no discurso autofágico dos cortes de gastos, inclusive investimentos públicos, que já se encontram no menor nível histórico, não contribui para reverter o quadro adverso que persiste há anos.

No âmbito da macroeconomia, especialmente os aspectos fiscal, monetário e cambial, são elementos cruciais para o crescimento em bases sustentadas. Tendo em vista as circunstâncias do cenário internacional e doméstico, como, por exemplo, o impacto da queda da arrecadação devido à crise, as vinculações orçamentárias e outros, as questões mencionadas definirão o rumo dos próximos anos.

Na questão fiscal, além da menor arrecadação decorrente da crise e do baixo crescimento econômico, destaca-se a restrição imposta pela Emenda Constitucional (EC) 95, que limita a expansão dos gastos públicos, e tende a cada vez mais reduzir o investimento público, como de fato já vem ocorrendo.

A aposta em que a prometida "austeridade" levaria ao resgate da confiança que pudesse estimular a realização de investimentos e produção não tem dado resultado. Os investimentos, medidos pela formação bruta de capital fixo, embora ora apresentem leves sinais de reação, ainda se encontram em um nível médio cerca de 25% inferior ao observado em 2014, antes do início da crise. É inegável que a confiança seja importante. No entanto, ela, por si só, não garante um ambiente promissor para estimular a produção, o consumo e os investimentos.

2 A crise na indústria e seus impactos

A crise no setor industrial brasileiro é estrutural e persiste há anos. Vários fatores estruturais têm impactado negativamente a indústria brasileira, que vive os efeitos da desindustrialização precoce. Crédito caro e escasso, política cambial errática e longo período de valorização do real, mais as agruras do "custo Brasil", se encarregaram de agravar o aprofundamento da crise. Condições macroeconômicas desfavoráveis e políticas industriais titubeantes tampouco reverteram a situação.

O resultado foi o avanço das importações, especialmente advindas da China, substituindo a produção local, as exportações de industrializados também prejudicadas pelos mesmos fatores mencionados perderam espaço, ou estagnaram diante de um mercado internacional hipercompetitivo. A balança comercial brasileira segue superavitária influenciada pelo excelente desempenho dos complexos agro, mineral e de carnes. Mas a questão aqui não é "ou", mas, "e". O Brasil é um dos poucos países que pode manter ampla pauta de produção e exportação nos setores em que já mantem posição de destaque, sem, no entanto, fazer isso em detrimento da indústria e serviços sofisticados.

Os industriais brasileiros, aqueles que não atuaram em setores diretamente ligados a *commodities*, ou de setores oligopolizados, foram "empurrados", por sobrevivência, ou senso de oportunidade, para a importação e o rentismo.

Mais recentemente, depois da crise de 2015, 2016 e nos anos seguintes, a crise brasileira trouxe um fator conjuntural que impactou fortemente a indústria brasileira. Desde então a "recuperação" segue muito lentamente, como denotam os dados já mencionados.

3 A abertura comercial vista como "panaceia" pelos liberais

A vertente neoliberal dos economistas e empresários apresentam a abertura comercial como a "panaceia" para os nossos males. O tema em si, não é propriamente novo entre nós. A abertura da economia brasileira começou há 30 anos, no final do governo Sarney e intensificada nos governos Collor e Fernando Henrique Cardoso. A promessa, incrivelmente repetida agora, sem qualquer autocrítica, era de que abrir nossas fronteiras induziria nossas empresas a ampliar a sua produtividade e competividade, dado o aumento da concorrência com os produtos importados.

Desde então as alíquotas médias de importação caíram de mais de 40%, no final dos anos oitenta do século passado, para cerca de 11 a 12% vigentes em 2020, com algumas alternâncias. A indústria, de forma geral, modernizou suas plantas, adaptou modos de gestão para fazer frente à concorrência, tendo respondido positivamente ao desafio da abertura comercial realizada.

A questão é que a melhoria do ambiente sistêmico, ou seja, de todos aqueles fatores que independem das empresas, ou dos trabalhadores, mas que afetam a competitividade, não avançou na mesma velocidade. Condições macroeconômicas (juros, câmbio e tributos), logística e infraestrutura, burocracia e instabilidade de regras, além de outros fatores que formam o chamado "custo Brasil" ainda estão longe das médias observadas nos países concorrentes. Particularmente na questão cambial, a política em diferentes governos desde então visou muito mais o objetivo de controle inflacionário do que induzir a geração de valor agregado local e as exportações.

O discurso de que a indústria não investe em modernização e inovação cai no erro de identificar a raiz do problema, que não se restringe à ação microeconômica das empresas, mas a um ambiente sistêmico desfavorável. O investimento de forma geral, responde à rentabilidade esperada, que no caso é prejudicada pelas condições adversas do ambiente.

Da mesma forma, o argumento de que nossa economia é fechada, não resiste a uma verificação dos números. O saldo comercial de produtos manufaturados, por exemplo, que apresentava relativo equilíbrio até 2006 passou gradativamente a ser deficitário tendo atingido no ápice em 2014, US$ 110 bilhões. Diante desse dado, como sustentar que nossa economia seja fechada?

Infelizmente, a combinação de fatores adversos nos levou a uma desindustrialização precoce, sem gerar os benefícios associados, pelo contrário, gerando perda de capacidade de geração de valor agregado, de empregos de qualidade e tecnologia atualizada.

Um programa sério de discussão de uma maior abertura da economia para que atinja o interesse do desenvolvimento e não apenas uma nova panaceia, passa necessariamente por:

- Condições macroeconômicas que favoreçam o desenvolvimento, leia-se câmbio, juros e questão fiscal, ajustadas ao padrão internacional;

- Redução da burocracia, distorções tributárias e melhoria da infraestrutura e logística;

- Adoção de políticas de competitividade (leia-se, política industrial, política comercial e de ciência, tecnologia e inovação), para fortalecer as vantagens existentes e criar novas;

- Negociação de abertura de setores na economia brasileira mediante o acesso aos mercados internacionais.

Partindo do ajuste das condições sistêmicas, é possível rever a estrutura das alíquotas, porém, sem generalizações. É preciso começar com a desoneração dos insumos de forma a dotar a indústria de transformação de maior poder, ao contrário de estimular a concorrência via rebaixamento das tarifas de importação dos produtos finais. Aqui não se trata de "reinventar a roda", mas de adotar práticas internacionais bem-sucedidas. Mas, para isso é preciso se livrar de dogmas e sair do conformo da repetição de mantras que só tendem a criar falsas expetativas e nos desviar do debate do essencial.

4 Chile, Nova Zelândia, Austrália e o Brasil

Outro mantra dos neoliberais, que pregam a privatização, o "Estado mínimo", a abertura comercial e financeira e a desregulamentação, sempre buscaram pretensas referências para seus argumentos. Durante décadas ouvimos dos nossos liberais o argumento de que o Chile era o modelo econômico de sucesso a ser seguido.

No entanto, a atual degradação chilena e o elevado índice de suicídios entre os idosos já representa, por si só, a falência de um padrão absolutamente insustentável. O Chile – com pouco mais de 20 milhões de habitantes, menos de 10% da população brasileira e extensão territorial de cerca de apenas um décimo da nossa – nunca foi um parâmetro relevante para o Brasil, mesmo numa visão a partir da Avenida Faria Lima, em São Paulo, ou da Vieira Souto, no Rio.

Embora o Chile tenha apresentado progresso econômico durante algum tempo, se mostra claramente limitado. A sua atividade é reduzida a poucos produtos representativos, basicamente cobre, pescado, frutas e flores, praticamente sem desenvolvimento industrial. Mas isso nunca foi possível para o Brasil, tampouco para países de estrutura e dimensão comparáveis, como uma boa análise histórica claramente comprova.

Com a derrocada chilena pela falência econômica, política e social do modelo neoliberal, os neoliberais estão em busca de novos paradigmas que sustentem seus pressupostos. A nova meca na visão de alguns liberais de ocasião seria a Nova Zelândia. Mas, se o Chile nunca foi base de comparação para o Brasil, muito menos a Nova Zelândia o é. Seu Produto Interno Bruto é de apenas pouco mais de 20% do PIB do brasileiro, e a população de cerca de 5 milhões de habitantes. Sim, pouco mais que a população da Zona Leste da cidade de São Paulo. Portanto, querer apresentá-la como parâmetro de modelo econômico, legislação trabalhista ou coisa que o valha só pode representar desconhecimento profundo, ou desonestidade intelectual.

Causou espanto uma entrevista do atual presidente do Instituto de Pesquisa Econômica Aplicada (IPEA), Carlos von Doellinger, sugerindo um padrão Austrália de desenvolvimento para o país. "Nosso caminho não é a indústria manufatureira, a não ser aquela ligada ao beneficiamento de produtos naturais", vaticinou, retomando a tese das "vantagens comparativas". Afirmou ainda que o Brasil é competitivo no agronegócio, mas não em manufaturas, citando a Austrália como paradigma a ser seguido, por ter decidido há cerca de 15 anos "acabar com a indústria de transformação para dar foco a sua vocação na produção de minérios e agropecuária".

Temos muito o que discutir seriamente sobre as alternativas de desenvolvimento para o Brasil, relativamente às experiências internacionais. Há uma farta literatura apontando a análise das experiências históricas que lograram sucesso, como são os casos de Estados Unidos, Alemanha e Japão, países que alcançaram elevado padrão de desenvolvimento já no século vinte e, pelo menos um exemplo de progressão mais recente, que é a Coreia de Sul.

Cada um dos países citados teve a sua história de progresso, mas há pontos comuns nas estratégias de desenvolvimento e políticas econômicas adotadas com êxito:

a) A combinação da atuação do Estado, como empreendedor, quando necessário, mas também coordenador, articulador de políticas públicas, além do seu papel regulador e fiscalizador;

b) O engajamento do setor privado, articulado com o Estado, mediante a criação de um ambiente favorável;

c) A adoção de políticas macroeconômicas (monetária, fiscal e cambial) favoráveis ao desenvolvimento;

d) A articulação das políticas de competitividade (políticas industrial, comercial e de ciência, tecnologia & inovação, para fomentar a atividade econômica, em especial da indústria, imprescindível para o desenvolvimento.

O Brasil, dado o seu potencial econômico, social e ambiental tem todas as pré-condições para superar a atual estagnação e atingir um grau de desenvolvimento expressivo. Somos o único país do G-20, a combinar potencial nos macrossetores e de enorme demanda reprimida, em termos de investimentos, na infraestrutura e políticas sociais. Nossas debilidades também representam grandes oportunidades. Mas isso não se viabilizará automaticamente, pelas "forças do mercado" e baseado apenas na suposta "confiança" como único fator de desenvolvimento, ao contrário do preconizado pelas políticas econômicas em voga por aqui!

5 Desnacionalização

A desnacionalização de empresas brasileiras, públicas e privadas é sempre polêmica. Não sem razão. De fato, a aquisição de empresas brasileiras por estrangeiros, a par de qualquer traço de xenofobia, representa, inquestionavelmente, a transferência de centros de decisão para o exterior. Trata-se de uma mudança que representa impactos significativos para a estratégia nacional de desenvolvimento, implicando questões como, cadeia de fornecedores, nível de tecnologia e emprego, grau de concorrência, balanço de pagamentos etc.

A visão liberal de mercado se mostra favorável aos ingressos de investimentos diretos estrangeiros, levando em conta as externalidades. Já se apurou que, no entanto, isso não ocorre de forma automática, dependendo do ambiente sistêmico, das políticas de competitividade, além de uma necessária negociação com as empresas, no âmbito das cadeias globais de valor e o papel a ser representado pela empresa sediada no país hospedeiro. Daí a importância de um maior conhecimento do tema, assim como a formulação de estratégia, tendo em vista os vários aspectos envolvidos na questão.

A internacionalização das empresas foi intensificada especialmente a partir da década de 1990, impulsionada pela globalização financeira que potencializou a capacidade de expansão além-fronteira das empresas transnacionais. Vários países, mais recentemente, com destaque para a China, têm ampliado a atividades no exterior das suas empresas com vista a autossuficiência energética, hídrica e alimentícia.

Nesse sentido, como exemplo, a aquisição por parte de uma empresa estrangeira de uma distribuidora local de energia, para além dos aspectos de segurança e defesa envolvidos, há a questão de sua cadeia de fornecedores. Muitas vezes há um objetivo claro do investidor de ampliar o espaço das suas empresas no fornecimento de equipamentos e serviços especializados. Assim, há impactos potenciais significativos não apenas na política de investimentos, mas na cadeia de fornecedores e, portanto, de emprego.

Sob o ponto de vista concorrencial nos casos em que a desnacionalização envolve uma privatização, concessão, ou ainda uma Parceria Público Privada (PPP), a questão adicional é sobre as consequências da transformação de um monopólio, ou oligopólio público, em privado. Embora o Estado não precise ser necessariamente o operador em áreas como energia, saneamento, transportes, dentre outras, esse não pode se eximir da tarefa de regulação, coordenação e fiscalização das atividades. O risco é deixar vulneráveis as empresas, os cidadãos e consumidores, no que toca à fixação dos preços e tarifas cobradas, das contrapartidas de realização de investimentos, definição de padrões tecnológicos, manutenção e geração de postos de trabalho etc.

Todas essas questões não são necessariamente novas. Nos anos 1990, houve um processo representativo de desnacionalização de empresas brasileiras, em muitos casos envolvendo a privatização. No entanto, pouco se debruçou sobre uma avaliação dos aspectos positivos e negativos do processo, apesar da relevância do tema e das experiências passadas, nacionais e internacionais.

Há o ainda aspecto das contas externas. Todo ingresso de capital estrangeiro tem como contrapartida a remuneração aos seus acionistas. Grande parte dos ingressos está relacionada não a novos projetos, mas, a transferências patrimoniais. O agravante é que em muitos casos se dá em setores não exportadores, ou seja, que não gerarão receitas em dólares, mas demandarão remessas futuras de pagamento de lucros e dividendos, além de outras despesas, nessa moeda.

Daí a importância da análise e discussão da desnacionalização de empresas privadas e públicas no Brasil, que precisa ser mais bem compreendida e analisada no âmbito do desenvolvimento e no papel a ser exercido pelas políticas públicas.

6 O cenário internacional e seus reflexos

A nova dimensão geopolítica-econômica a partir da globalização financeira que se intensificou a partir das últimas duas décadas do século passado exigiu uma nova formatação na governança global. A supremacia do G-7, grupo dos sete países mais relevantes do globo teve que ser ampliada para o G-20, incorporando novos países, inclusive o BRICS. Os EUA, por exemplo, que respondiam 30 anos atrás por 50% do PIB global tiveram sua participação reduzida para

25%. Em contrapartida, os chamados países em desenvolvimento, BRICS, mais México, Coreia do Sul e Indonésia, dentre outros assumiram papel de destaque.

Não obstante, apesar da multipolaridade em termos econômicos, prevalece a supremacia do dólar norte-americano como moeda de referência global, influenciando na precificação dos ativos e ainda respondendo por cerca de 60% das reservas cambiais. Essa é a grande contradição e paradoxo da financeirização global. A hierarquia das moedas cria categorias diferenciadas de países.

A (des)ordem econômica mundial após a derrocada dos pressupostos estabelecidos em Bretton Woods, sem que se tenha institucionalizado um sucessor, está a exigir iniciativas locais e regionais. É a partir desse cenário que as relações econômicas e a inserção externa dos países devem se mobilizar para fazer frente aos enormes desafios que se apresentam.

O novo governo dos EUA, liderado por Joe Biden, anunciou no início de 2021 a retomada de um programa para promover a compra de produtos de origem local. O *Buy American*, que não é propriamente novo, já fora implementado em outros governos, tanto de republicanos quanto de democratas.

O programa tem um impacto econômico expressivo. São cerca de US$ 400 bilhões de compras do governo federal, montante que pode ser significativamente ampliado para alguns trilhões, se vier acompanhado de investimentos voltados para combater os efeitos da crise e da pandemia do novo coronavírus. Uma vez adotado, terá impactos significativos, considerando seu efeito multiplicador para a atividade econômica como um todo e a geração de empregos.

A iniciativa é acompanhada de perto pelos parceiros comerciais dos EUA, pois na prática poderá significar restrições de acesso ao mercado por parte de exportadores. Na verdade, embora haja limitações de restrição de mercados anteriormente assumidos pelos norte-americanos junto à Organização Mundial do Comércio (OMC), sempre há brechas para adoção de alguma forma de protecionismo.

Proteger mercados domésticos, exigir conteúdo nacional e outras medidas de cunho protecionista podem parecer uma contradição para um país tido como liberal do ponto de vista econômico. No entanto, sempre houve uma enorme distância entre o discurso liberalizante e a prática intervencionista.

Alexander Hamilton, primeiro secretário do tesouro norte-americano (1789-1795), foi um dos principais formuladores de políticas protecionistas de estímulo de desenvolvimento da indústria manufatureira nos EUA. Seu trabalho *Reports of the Secretary of the treasury on the subject of manufactures* (1791) trouxe muitos conceitos e análises defendendo a proteção à indústria nascente, posteriormente aprofundadas por Friedrich List (1789-1846), especialmente no seu livro *The National System of Political Economy* (1841).

A partir desses princípios com idas e vindas políticas e econômicas as políticas públicas norte-americanas jamais deixaram de fazer uso de instrumentos de fomento para viabilizar e desenvolver a sua indústria, em um conceito mais amplo, integrada à agricultura e aos serviços. Toda essa experiência de desenvolvimento, tanto dos EUA quanto de muitos países, hoje dentre os mais ricos, está fartamente documentada. Não se trata de sugerir imitar a sua trajetória, mas de levar em conta mais a prática do que o discurso, no tocante às decisões de políticas a serem adotadas.

A grande lição para o Brasil é que não se deve abrir mão dos próprios interesses em prol de uma aparente modernidade. Mais ainda pelo fato de sermos uma nação com enormes desafios pela frente, cujas debilidades se agravaram durante a pandemia. É preciso conduzir as políticas de desenvolvimento com foco nas oportunidades a serem geradas. Limitações autoimpostas, como o já mencionado teto de gastos (EC95), por exemplo, têm que ser revistas, considerando as necessidades que se apresentam. Da mesma forma, uma eventual abertura comercial deve levar em conta o desafio de reverter a desindustrialização em curso.

7 A expansão chinesa e o Brasil

A extraordinária expansão internacional chinesa representa desafios e oportunidades para as economias nacionais. Do alto de suas reservas cambiais superiores a US$ 3 trilhões, a China vem conduzindo sua internacionalização. O país asiático vem realizando investimentos e adquirindo ativos mundo afora, especialmente na África e na América Latina, com o objetivo principal de suprir sua insuficiência, hídrica, alimentícia e energética, além de abrir mercados para suas empresas. Somos o segundo maior destino dos investimentos chineses, somente superado pelos EUA.

O debate sobre os impactos dos investimentos estrangeiros nas economias hospedeiras é amplo na literatura internacional. O primeiro aspecto a ser destacado é que os benefícios dos investimentos externos não são automáticos. Dependem das políticas econômicas e da regulação dos países receptores.

O segundo aspecto importante é que em nenhuma experiência conhecida, mesmo nos países maiores receptores de investimentos estrangeiros, ele se torna predominante. Raramente o total de investimentos, em infraestrutura, ampliação da capacidade produtiva das empresas, construção civil e máquinas e equipamentos atinge mais de 15% da formação bruta de capital fixo. Assim, é crucial destacar que o papel dinâmico dos investimentos, base para a sustentação do crescimento econômico da imensa maioria dos países, é exercido pelo investimento local, que responde, em média, por cerca de 85% do total realizado. Apesar da chamada globalização, no quesito investimento, a parcela predominante é doméstica.

Há outros aspectos relevantes envolvendo a questão dos investimentos diretos estrangeiros e o desenvolvimento dos países. Há externalidades relevantes, impactando o padrão de produção, comércio exterior e tecnologia dos países. Observa-se ainda uma interconexão crescente entre investimento, exportações e inovações na economia mundial. A integração às grandes cadeias produtivas globais, imprescindível para uma inserção externa ativa dos países em desenvolvimento, se dá, em grande medida, pelo papel desempenhado pelas filiais das grandes empresas globais.

Daí a importância, considerando os aspectos apontados, da estratégia de inserção externa brasileira, especialmente considerando o recente protagonismo dos investimentos chineses, com destaque para os seguintes pontos:

1) A sustentabilidade intertemporal do balanço de pagamentos. Dado o compromisso de remuneração futura dos sócios estrangeiros, em dólares, via transferências de lucros e dividendos, é necessário gerar receitas na mesma moeda. O problema é que há uma predominância dos investimentos em setores voltados para o mercado doméstico e que, portanto, não geram receitas em dólares;

2) Desnacionalizar a gestão e controle de empresas locais significa mudar o seu centro de decisão para o exterior, o que diminui o grau de influência local. Isso é crítico, especialmente quando se trata de setores estratégicos para o desenvolvimento local. Daí a relevância de fortalecer a regulação, controle, fiscalização e supervisão destas atividades, sob o risco de se criar restrições ao desempenho de toda a economia;

3) Também se torna fundamental estabelecer um projeto de desenvolvimento que explicite o papel desejado dos investimentos; que setores e necessidades devam ser priorizados e quais as políticas para atraí-los, mantê-los e gerar um mínimo de compromisso com os objetivos locais;

4) Estimular atividades que, para além da produção e exportação de *commodities*, promovam uma maior agregação de valor, de forma a viabilizar geração de renda, tributos, empregos e tecnologia.

8 Os desafios a serem enfrentados

As empresas não tomam decisões apenas levando em conta o grau de confiança, mas a expectativa de desempenho futuro da economia. Da mesma forma a elevada ociosidade, na média de cerca de 25% na indústria, associada ao elevado custo de financiamento também diminui o "apetite" para novos investimentos.

Ademais, nosso modelo tributário regressivo, incidindo fortemente sobre o consumo e produção – e não sobre a renda e a riqueza – além de contribuir para uma maior concentração de renda, sobrecarrega o chamado "custo Brasil", prejudicando o crescimento da atividade e a realização de investimentos. Há que se buscar, no âmbito de uma profunda reforma tributária, uma simplificação dos impostos, visando, além de maior justiça social, um sistema mais dinâmico, transparente e eficiente.

Outro ponto relevante: é crucial buscar a desindexação da economia, inclusive da dívida pública. O Brasil é o único país que remunera parcela expressiva da sua dívida a taxas de juros reais altíssimos, independentemente do prazo de vencimento, oferecendo pelos seus títulos, ao mesmo tempo, liquidez, segurança e rentabilidade, na contramão de outros países, que estimulam o financiamento de longo prazo. Esse quadro cria um constrangimento para os gastos públicos, tornando mais difícil a execução dos investimentos, assim como a manutenção da qualidade dos programas sociais.

9 Os bancos públicos

Torna-se fundamental ainda resgatar e aperfeiçoar a atuação dos bancos públicos, como impulsionadores do financiamento dos investimentos para a infraestrutura e outros setores. Tendo em vista a inexistência, ou insuficiência, de instrumentos de financiamento de longo prazo no mercado financeiro privado a taxas de juros minimamente compatíveis com a rentabilidade esperada dos projetos, a atuação dos bancos públicos revela-se crucial no atual quadro.

Para além do problema previdenciário, a economia brasileira convive com graves óbices, cuja solução demanda políticas e medidas fundamentais para reversão de um quadro dramático, no que se refere especialmente ao elevado desemprego e a questão da pobreza.

O fraco desempenho recente da atividade econômica, mesmo considerando o baixíssimo nível de comparação dos anos anteriores, nos dá uma dimensão do desafio a ser enfrentado. Ocorre que sem crescimento mais robusto, não há perspectiva de reversão significativa na questão do emprego e renda, assim como na intensificação dos investimentos. Outro impacto relevante se dá nas contas públicas, uma vez que a arrecadação tributária vem sentindo os efeitos negativos da atividade econômica deprimida e da inadimplência no pagamento dos impostos.

Ao contrário do emanado em alguns discursos de autoridades econômicas, a reversão desse quadro de inanição da economia não vai ocorrer naturalmente a partir da reversão das expectativas que ocorreria com uma retomada na "confiança". Embora esse seja um elemento importante, não consegue por si só impulsionar os fatores que promovam a retomada do crescimento e seus efeitos potenciais positivos para a melhora do quadro econômico e social.

É preciso maior proatividade nas políticas e medidas econômicas capazes de reverter o quadro hostil para produção e investimento. Há várias áreas que prescindem de ação urgente, como crédito e financiamento, política industrial, desburocratização etc.

No campo do crédito e financiamento, embora tenhamos atualmente uma taxa nominal de juros básicos em níveis mais baixos historicamente, o custo do crédito e financiamento continua excessivamente elevado. Esse é um fator que trava a atividade econômica, inibindo as transações e reduzindo na prática a capacidade de compra de empresas e famílias.

Há muito se discute as causas do elevado custo do crédito no Brasil. O primeiro aspecto é que o mercado financeiro é distorcido no Brasil pelo fato de o governo federal oferecer títulos da sua dívida a taxas de juros muito elevadas, mantendo liquidez. Isso acomoda o mercado financeiro que não se interessa em ter mais trabalho e correr mais risco emprestando para os agentes econômicos.

O segundo aspecto é a oligopolização do mercado em que apenas cinco grandes bancos controlam 86% do crédito disponível na economia, o que lhes dá poder de formação de taxas ao tomador final.

Os bancos alegam que os *spreads* (taxas de risco) embutidos nas taxas de juros são elevadas no Brasil, justificando parte da diferença entre taxa básica e final, porque a inadimplência é elevada, respondendo por 45% do total. As taxas tributárias respondem por 20% e o empréstimo compulsório que os bancos recolhem ao BC, por 10%. Os 25% restantes seriam da margem de comercialização do sistema financeiro.

No tocante ao financiamento de longo prazo, a ideia implícita é viabilizar os investimentos tanto para projetos de infraestrutura como das empresas, uma vez que as taxas de juros de mercado para financiamento se distanciam da rentabilidade esperada dos projetos.

O fato é que o papel representado pelo financiamento dos bancos públicos no Brasil é insubstituível no curto prazo. Dadas as condições desfavoráveis apresentadas pelo mercado privado, seja pela sua escassez e pelas contrapartidas e elevadas taxas de juros praticadas, ele não representa uma alternativa viável para suprir as necessidades de financiamento de longo prazo para os setores produtivos e a infraestrutura. Dada a elevada remuneração oferecida pelos títulos públicos, grande parte do capital disponível está alocado nessa modalidade, portanto não há interesse dos agentes financeiros em se arriscar a financiamento de projetos, até pelos riscos envolvidos.

10 Tributos e marcos regulatórios

Na indústria, o processo em curso de desinvestimento e fechamento de fábricas carece de uma reforma tributária que corrija as distorções existentes, além de uma estratégia de política industrial e modernização, com a adoção de financiamento e incentivos vinculados à inovação e desempenho das empresas.

Também se mostra urgente melhorar o marco regulatório de forma a propiciar um ambiente mais favorável para a atuação do setor privado nos investimentos em infraestrutura, assim como garantir um fornecimento de serviços e produtos de qualidade e preços justos à sociedade.

As questões mencionadas são desafiadoras, mas não impraticáveis. É preciso se inspirar nas boas experiências internacionais na área, assim como rever criticamente nossa própria experiência histórica envolvendo a privatização, as concessões, a abertura comercial e a desregulamentação. Não podemos nos dar ao luxo do comodismo, nem tampouco de reincidir em erros já cometidos.

Os desafios que se apresentam para o futuro, portanto, envolvem não apenas a correção dos graves desequilíbrios sistêmicos brasileiros e seus impactos na indústria, mas a definição e implementação de políticas de competitividade (políticas: industrial, comercial e de inovação) nos moldes das melhores práticas internacionais e locais. Seria equivocado apostar que apenas as "forças do mercado" e a "fé" na abertura comercial poderiam por si só nos recolocar no caminho do desenvolvimento. Não foi assim nas melhores experiências internacionais conhecidas. Os novos desafios estão a nos exigir estratégias ousadas, mas, igualmente, seria um equívoco desconsiderar a experiência da indústria tradicional e resiliente no Brasil. Uma boa estratégia pressupõe o diagnóstico adequado. Do contrário, avaliações equivocadas nos levarão, inexoravelmente, a falsas soluções.

11 Oportunidades para o Brasil

A pandemia de Coronavírus tem provocado um processo espontâneo de reconversão da indústria para a fabricação de itens necessários para o seu enfrentamento. É diante desse desafio que várias empresas vêm respondendo com sucesso na transformação de suas plantas para a produção de respiradores e outros equipamentos médicos relevantes.

Por outro lado, a crise sanitária também tem nos revelado uma das faces mais trágicas da desindustrialização que é a extrema dependência de equipamentos médicos, mesmo aqueles mais simples, de proteção individual dos profissionais da saúde – como máscaras, luvas, gorros etc. –, além da própria população.

Na lógica globalista das cadeias internacionais de valor, países como a China se tornaram as "fábricas do mundo". Muitos, como infelizmente o Brasil, se restringiram ao conforto de se colocarem como fornecedores de matérias primas e alimentos não processados (*commodities*) e criaram excessiva dependência de importação de produtos industrializados.

Afora as consequências perversas da desindustrialização, a saber, a perda de empregos de qualidade, a vulnerabilização das contas externas, a queda de arrecadação tributária, em meio à atual crise um fator adicional se mostra mais evidente: a questão da segurança no fornecimento. Além dos itens já mencionados, outros setores relevantes também dependem fortemente de insumos importados, como é o caso dos eletrônicos, máquinas e equipamentos químico-fármaco, para citar os mais gritantes.

Reverter o processo de desindustrialização, promover a reconversão da produção para as necessidades mais prementes e reconstruir nossa capacidade técnica representa ao mesmo tempo um enorme desafio, mas também uma oportunidade a ser aproveitada. Registre-se dois pontos fundamentais de saída: a) o Brasil, apesar do processo descrito ainda detém o maior parque industrial da América Latina, o que nos coloca estratégica e geopoliticamente bem-posicionados; b) industrializar não é para quem quer, mas para quem pode. O Brasil detém economia de escala e de escopo para a reconstrução.

Isso, no entanto, não se dará de forma automática, apenas pela decisão das empresas. É preciso construir um ambiente de políticas macroeconômicas e de competitividade para fomentar o processo. As boas experiências internacionais e mesmo a nossa pregressa nos dão boas indicações dos caminhos a serem seguidos.

Destaque-se que houve, na gestão da atual equipe econômica, de visão predominantemente de cunho liberal, a junção de quatro antigos ministérios (Fazenda, Planejamento, Indústria e Comércio Exterior e Trabalho e Emprego) em um único Ministério da Economia. Se por um lado houve a vantagem de ter tudo sob o "mesmo chapéu", a agrupação realizada tem se mostrado ainda inoperante para a dimensão do desafio que se apresenta. Faltam estratégias e interlocutores nas várias áreas.

Os bancos públicos, especialmente o Banco Nacional de Desenvolvimento Econômico e Social (BNDES) têm sido atrofiados na ideia do "Estado Mínimo", mas, eles ainda têm um papel relevante a desempenhar para o financiamento de longo prazo e a taxas de juros minimamente compatíveis com a rentabilidade esperada dos projetos. Por outro lado, o excelente corpo técnico permanente dessas instituições, assim como da Financiadora de Estudos e Projetos (FINEP), o Instituto de Pesquisas Econômica Aplicada (IPEA), dentre outras, podem ajudar muito com o seu *know how*.

Será também imprescindível mobilizar o setor privado por meio de empresas líderes e associações, muitas das quais já tem um diagnóstico claro, a partir do qual se poderá construir um plano estratégico de reconstrução da indústria brasileira. A favorecer nossa ação está o histórico de reação brasileira às crises. As grandes transformações se deram em resposta a elas.

Mas grandes metrópoles, por exemplo, prevalece o desafio da mobilidade e de como organizar o transporte público e o trânsito de pessoas de forma segura. Os segmentos de infraestrutura e logística, equipamentos de informática e de banda larga para conexão, por exemplo, têm experimentado um verdadeiro *boom* de demanda. Da mesma forma, alimentos, produtos de higiene e limpeza, dentre outros tem se beneficiado dos novos hábitos e necessidades, diante do quadro decorrente da crise sanitária.

As debilidades estruturais brasileiras como a exclusão educacional e digital, a desigualdade de renda, as precárias condições de habitação nas periferias e a carência de saneamento e água potável, sempre foram conhecidas, mas, se escancararam frente à pandemia. Que a visão de Celso Furtado, o mais proeminente economista brasileiro, nos inspire na viabilização de um projeto de Nação, capaz de retomar o crescimento inclusivo, que proporcione o desenvolvimento, econômico, social e ambientalmente sustentável.

Para além da reversão do retrocesso na indústria, imprescindível para o desenvolvimento, faz-se crucial integrar, de outra forma, nossa atividade produtiva aos preceitos da indústria 4.0, da nanotecnologia, da internet das coisas e da tecnologia 5G. São enormes desafios, para os quais o Brasil conta, para superá-los, além da sua tradição industrial, com economias de escala e de escopo.

Para além das questões conjunturais gravíssimas, prevalecem, não sem correlação, aspectos estruturais determinantes. Os investimentos, fundamentais para garantir um crescimento robusto e sustentável no longo prazo, permanecem em nível aquém do necessário. A Formação Bruta de Capital Fixo, total das inversões em infraestrutura, construção civil e aquisição de máquinas e equipamentos, representa apenas 18% do PIB, um nível muito abaixo da média mundial, de 26,7% e ainda mais distante da média dos países emergentes, de 33,2%.

Desse total, no Brasil, o investimento público, importante fator contracíclico nas crises, representa apenas 2,4% do PIB, pouco mais da metade da média do período 2012-2014, antes da crise. Tais investimentos são relevantes pelo seu impacto multiplicador na economia, mas também pelo "efeito demonstração" para as inversões privadas.

Já as decisões de investimento privado são motivadas pelas expectativas de crescimento da demanda e das taxas de retorno. Portanto, quadro se retroalimenta, em um "ciclo vicioso": investimos pouco porque não temos expectativa de crescimento sustentado; e crescemos pouco porque não investimos.

Não há um caminho único nas alternativas de políticas econômicas, ao contrário do que sugere uma análise "senso comum". Todas as escolhas envolvem, portanto, custos e benefícios, que precisam ser explicitadas. Daí a importância de que as possibilidades sejam apresentadas e debatidas no âmbito da sociedade. As alternativas de política econômica são técnicas, mas as escolhas, políticas.

A probabilidade de uma estagnação, ou até mesmo uma recessão, no Brasil em 2022, é maior do que a de crescimento. Há ausência de vetores que possam impulsionar a economia. A começar pela herança estatística. 2021 herdou um carregamento (*carry trade*) de 3,6% do ano anterior. Ou seja, 80% do desempenho positivo do ano, previsto em 4,5%, advém deste fator. Para 2022, o efeito estatístico de 2021 será praticamente nulo.

Além disso, outros fatores macroeconômicos são adversos: a inflação, a política monetária, o mercado de trabalho e o investimento. A inflação derivada do choque de oferta das matérias primas produz estragos na cadeia produtiva. A política monetária restritiva, com a elevação dos juros desestimula o consumo, que há tempos anda em falta, por estimular a poupança dos mais ricos e encarecer as dívidas das famílias e empresas.

O mercado consumidor também tem sido negativamente afetado pelo elevado desemprego em uma acepção mais ampla, considerando os desalentados e os subocupados. O fato é que mais de 30 milhões de pessoas estão fora do mercado de trabalho. A capacidade de compra das pessoas segue limitada, com a elevação do custo de vida e a falta de reajuste de salários e honorários.

A questão do crescimento da economia e a reindustrialização representam oportunidades para o Brasil. Para isso, é preciso uma estratégia de política econômica voltada para o crescimento, a produção e o emprego. Um projeto de desenvolvimento que contemple um novo modelo de inserção internacional mais ativo e que preserve o espaço das empresas aqui atuantes.

Somente a combinação das políticas públicas e a articulação com o setor privado poderá recriar as condições para o desenvolvimento, a reindustrialização e a geração de emprego e renda.

Referências bibliográficas

LACERDA, Antonio Corrêa de. (Coord.). *Celso Furtado, 100 anos*: pensamento e ação. São Paulo: Contracorrente, 2020.

______. *O mito da austeridade*. São Paulo: Contracorrente, 2019.

LACERDA, Antonio Corrêa de. *Globalização e investimento estrangeiro no Brasil*. São Paulo. Saraiva, 2004.

______. *Desnacionalização*: mitos, riscos e desafios. São Paulo: Contexto, 2000.

CAPÍTULO II

A MACROECONOMIA DA DESINDUSTRIALIZAÇÃO

NORMA CRISTINA BRASIL CASSEB
CARLOS EDUARDO F. CABRAL
EMERSON BRAZ
MATHEUS LEMES

Introdução

O Brasil vive uma situação de profunda crise econômica, social e sanitária. Esta última ocasionada pela pandemia da Covid-19, agravada pela ausência de uma política e atuação sanitária do governo federal que impedisse a abrangência de casos e mortes, fazendo o país ocupar o segundo lugar no ranking de mortes por Covid-19 e suas variantes. A pandemia se abate sobre um país com a economia já enfraquecida, resultando em vasta tragédia humanitária.

Entretanto, é fato que essa crise econômica/social vem se acentuando dramaticamente nos últimos seis anos, especialmente no decorrer do atual governo, mesmo antes do agravamento da pandemia. Em 2019, por exemplo, o PIB *per capita* ficou praticamente estagnado, com apenas 0,3% de crescimento (IBGE).

A situação da economia brasileira remete a um movimento de retrocesso dos condicionantes elementares do desenvolvimento em nosso país. Na verdade, um retrocesso que coloca hoje o país na posição de candidato à periferia do sistema global, quando expõe sua condição de mero exportador de alimentos e bens primários no mercado mundial e importador de produtos que antes produzíamos ou que poderíamos estar produzindo, tais como fertilizantes, óleo combustíveis, produtos da indústria de transformação, produtos de ferro e aço, embarcações etc.

Na verdade, a perda de rumo do desenvolvimento industrial da economia brasileira vem se acentuando desde os anos 1980 e 1990. Houve uma desarticulação estrutural das políticas que organizavam e garantiam o crescimento brasileiro.

Antes desse período, existia um ambiente composto pelo setor público, setor privado, por bancos públicos, com o intuito de fomentar a industrialização e o desenvolvimento da economia brasileira. De fato, a desindustrialização que toma corpo a partir dos anos 1990, reflete-se na brutal queda da participação da indústria de transformação no PIB, de 35% para os 11% atuais, de acordo com o IBGE.

Esse cenário econômico agudiza a concentração funcional da renda com a queda alarmante da massa de salário real, tanto pelo efeito do desemprego sobretudo no setor industrial, que atinge hoje seus mais altos níveis, 14,7%, como pela redução de salário real, devido a queda das taxas de salários nominais e do aumento dos preços dos bens de consumo de massa, especialmente alimentos (IBGE). A questão da perversa distribuição de renda no Brasil foi tratada por nós em vários trabalhos, onde a questão dos investimentos no setor produtor dos bens de consumo de massa assume papel determinante, na medida em que a distribuição de renda é determinada, sobremaneira, no lado da produção.

Entender a rápida desindustrialização brasileira é tarefa primordial, sobretudo por ocorrer em um país em que a renda *per capita* não sustenta as necessidades básicas da população e, o que é pior, vem caindo nos últimos anos. Para isso, concorreu a engrenagem neoliberal que conduziu as políticas macroeconômicas para uma armadilha de câmbio sobrevalorizado e taxas de juros elevadas, indo ao encontro do rentismo mundial.

Por fim, qualquer projeto de desenvolvimento para o Brasil deve contemplar um Estado atuante em termos de políticas econômicas e intervenção direta em investimento na infraestrutura, que interfiram na alocação de investimentos que estimulem maior crescimento do emprego e da produtividade, de forma a produzir *linkages* setoriais, incluindo de maneira efetiva o setor produtor de bens de salário.

No presente trabalho, propõe-se apresentar alguns elementos que os autores julgam importantes para discutir o papel que o Estado brasileiro teve no processo de desenvolvimento econômico e industrial no país. Em seguida, faz-se uma breve digressão sobre o que se considera ser o último programa implementado com o intuito de romper com as chamadas amarras do subdesenvolvimento – o II PND. Finalmente, faz-se uma análise dos elementos macroeconômicos que contribuíram para que o Estado brasileiro, que outrora fora o promotor da industrialização, pactuasse e fosse o agente da desindustrialização no país.

1 A importância do papel do Estado no desenvolvimento econômico brasileiro

A organização política e econômica no sistema capitalista está calcada na presença do Estado. Pode-se ver isso, tanto na garantia ao direito à propriedade privada como no papel relevante que ele desempenha na manutenção e avanço do processo de acumulação. Estado e sistema capitalista andam lado a lado fazendo com que o capital se aproprie de mecanismos que o retroalimentam, seja por si próprio ou por incentivos e intervenções estatais. No Brasil, o avanço no processo de industrialização se deu pela forte iniciativa do Estado que, desde a era Getulista, passou a conduzir a economia a fim de atender a um projeto de industrialização e desenvolvimento em bases nacionais.

O início do processo de industrialização brasileira se deu tardiamente ou mais que tardiamente, a partir de meados de 1930, com o presidente Getúlio Vargas. O Brasil precisava se desenvolver em um ambiente no qual grandes empresas internacionais já estavam estabelecidas e, além disso, o país não possuía – utilizando o termo de M.C. Tavares (1975) – o chamado inovador schumpeteriano, como, por exemplo, Thomas Edison foi para os EUA.

A partir de um projeto de desenvolvimento pensado, discutido e executado pela iniciativa estatal, o Brasil foi levado ao início de sua industrialização – mais precisamente com o chamado Processo de Substituição de Importação (PSI). Isso se deu ao fato de que o aumento da produtividade no setor agrícola não desaguou expontaneamente para o desenvolvimento industrial, o que gerou somente ciclos de crises econômicas nos tempos da hegemonia produtiva do café no Brasil.

Para financiar tamanha empreitada, o Estado brasileiro promoveu o direcionamento da inversão dos excedentes do ciclo produtivo cafeeiro para financiar um projeto de desenvolvimento econômico que avançaria pelas décadas subsequentes. Isto propiciou a liberação de força de trabalho do setor agrícola para o setor industrial, deflagrando em aumento da demanda de insumos intermediários e de bens de capital com o desenvolvimento industrial. Não é surpresa, portanto, que o início da industrialização despertou, com o aumento do gasto em bens de consumo, um efeito multiplicador enorme durante décadas até cerca dos anos 1980.

A Figura 1 mostra o efeito alocativo da força viva de trabalho para a indústria no Brasil:

Figura 1 - Número de Trabalhadores alocados na Indústria Brasileira 1907-1995 (Quinquenal)

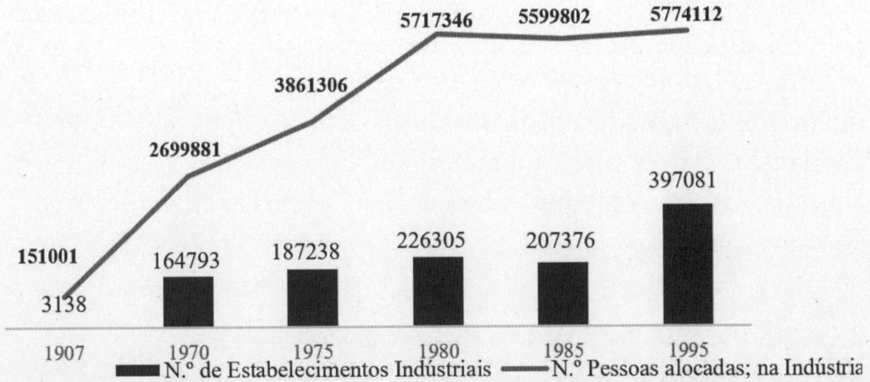

Fonte: IPEA Data. Elaboração gráfica própria.

Os dados demonstram um consubstancial crescimento na população alocada à indústria brasileira, embora o contingente no pessoal estabelecido em atividades agropecuárias seja, já no início do XX, da ordem de milhões de pessoas.

Segundo o Censo do IBGE sobre a população agropecuária ocupada em estabelecimentos agropecuários, o crescimento sob a média móvel de 1920 a 1970 foi de na ordem de 179% – é um crescimento bastante significativo para 50 anos. Contudo, ao compararmos os dados sobre o crescimento do pessoal ocupado na indústria no mesmo período, começando um pouco mais cedo, em 1907 conforme a Figura 1, o crescimento é de impressionantes 1688%. Esses dados podem nos dizer como o processo de industrialização brasileira teve efeitos expressivos na composição da distribuição da força de trabalho no país.

Tais números são explicados pela inflexão da política econômica, que passa a ser promotora da industrialização a partir de 1930. Em outras palavras, a busca pelo desenvolvimento econômico é nada mais do que a busca pela sofisticação produtiva que se traduz na acumulação de capital em proporção ao produto nacional, em concomitância à incorporação do progresso técnico à produção. Dito isso, é importante ressaltar que, além desse ponto fundamental, a estruturação de um ambiente propício para tanto passa pelo fortalecimento do Estado e de suas instituições, em conjunto às características sociais de cada nação. Nesse sentido, dentro da qualidade do Estado como promotor do crescimento, no mundo capitalista, este se torna uma entidade de ação dos trabalhadores, empresários etc., como uma unidade que compete com outras nações economicamente.

2 O II PND: o último plano de desenvolvimetno econômico do país

O II Plano Nacional de Desenvolvimento (II PND) teve início em 1975 e vislumbrava um salto qualitativo da produção industrial, além de ser um projeto de Estado, geopolítico, de potência regional na América Latina.

Esse projeto tinha como principal objetivo desenvolver no país a produção de bens de capital, que eram em grande medida importados dos países desenvolvidos. Isto se processaria através da tentativa de criação de uma "economia moderna", com a implementação de novos setores que incorporasse novas tecnologias; um maior esforço para promover a integração nacional. Desta forma, o Estado mudaria a alocação de recursos do setor produtivo da economia brasileira, não deixando esta função a cargo apenas do mercado.

O II PND era, portanto,

> uma proposta ousada e, principalmente, inédita para a economia brasileira, pois, desde os anos 50, o crescimento econômico foi impulsionado pela instalação de indústrias de bens de consumo duráveis, como a indústria automobilística. Logo, para implementação do novo projeto, seria necessário que esse setor, bens de consumo duráveis, deixasse de ter atenção prioritária, causando uma reorientação no processo

de crescimento da economia brasileira, mudando para o setor de bens de capital.

O atraso do setor produtor de bens de capital e insumos básicos se constituia na própria condição do subdesenvolvimento e, desta forma, esse novo direcionamento setorial da política econômica pretendia superar essa atrofia.

O II PND foi um projeto que teve como fator preponderante de sua criação a restrição que caracteriza um país situado na periferia do sistema econômico mundial, ou seja, a incapacidade de produzir bens de capital dentro de sua própria cadeia produtiva. Essa restrição já se mostrava evidente no período do chamado "milagre econômico", pois isto fez com que fosse necessário, devido a impossibilidade de produção interna, a importação de produtos intermediários e, principalmente, bens de capital, causando desequilíbrio estrutural na conta de transações correntes do Brasil.

Fica claro que o Plano era ambicioso, principalmente por sua implementação se dar em meio a uma deflagrada crise do petróleo, num cenário econômico externo de importantes mudanças, agravando o problema nas transações correntes da economia brasileira. Esse déficit externo teria que ser financiado de alguma maneira, nesse caso, através de captações externas via reciclagem de petrodólares. Porém, os países centrais passavam por fortes ajustes em suas economias, causando restrições em suas importações, impondo um maior custo aos países deficitários como o Brasil, pela deterioração dos termos de trocas.

A necessidade de financiamento gerou um forte endividamento externo que, após o segundo choque do petróleo em 1979 e com a política americana de "dólar forte" pelo presidente do FED Paul Volker, fez com que as taxas de juros norte-americana fossem elevadas fortemente, gerando uma migração dos fluxos financeiros internacionais para os Estados Unidos. Desta forma, grandes países devedores como o Brasil sofreram um grande choque externo, exigindo um enorme esforço para pagar o serviço da dívida, tornando o país, antes importador, agora exportador de capitais.

O fato de o país necessitar financiar o II PND com recursos do exterior foi analisado por Chico de Oliveira, quando ele ressalta que a entrada de recursos externos teria que ser de alguma maneira financiada por algum bem exportável. Segundo ele, a soja poderia desempenhar essa função. O autor ainda ressaltava que, caso isso não ocorresse, o país enfrentaria sérios problemas no balanço de pagamentos, o que veio a ocorrer a partir do segundo choque do petróleo.

Outro grande problema se deveu ao fato de o que governo, para forçar captações externas e tentar impedir que a inflação se elevasse, aumentou as taxas de juros internas. Isso, agravado pela indexação da economia, gerou uma ciranda financeira favorecendo os rentistas, resultando num aumento significativo da especulação financeira na economia.

Convém ressaltar também que a agricultura voltada para o mercado interno não obteve resultados desejáveis durante esse período, o que acentuou a baixa produtividade nos setores de bens de salários. O II PND não realizou o necessário *linkage* de produtividade entre os setores produtores dos bens de consumo de massa e os demais setores da economia. Isso fez com que o custo de vida dos trabalhadores sofresse aumento, agravando a concentração de renda no país.

Após 1979, a crise da dívida externa levou os formuladores de política econômica a um ajuste recessivo com a maxidesvalorização cambial, que implicou numa enorme retração da economia.

Convém ressaltar que tal ajuste externo resultou numa queda expressiva do PIB entre 1981-1983 e queda na produção interna de bens de salário, produzindo redução no salário real e, com isso, acentuando a piora na distribuição de renda.

A despeito dos problemas decorrentes do endividamento externo, na segunda metade da década de 1980, o setor industrial levado a cabo pelo II PND contribuiu fortemente com o salto qualitativo na pauta de exportação brasileira.

No entanto, não houve melhoria efetiva na distribuição de renda, pois o incremento da produtividade na economia não induziu *linkages* entre os setores produtores de bens de salário e de bens de capital ou mesmo de bens de consumo de luxo. A não redução do custo de reprodução da força de trabalho, problema que acompanha a economia brasileira até hoje, ocasionando muita pobreza e miséria, dificulta o país de atingir uma mudança qualitativa de desenvolvimento econômico e na sua inserção internacional no sistema capitalista. Portanto, para superar essa condição, o modelo de desenvolvimento deve propiciar redução no custo de reprodução da força de trabalho refletido pelo aumento de salario real ao longo do tempo, gerando um mercado interno consumidor forte com capacidade de acumulação própria dentro da economia brasileira, sem criar constrangimentos para a acumulação de capital interna.

3 A política macroeconômica que induziu à desindustrialização

A partir do anos 1990, a mudança de paradigma na orientação da macroeconomia por parte do Estado brasileiro induziu à aceleração da desindustrialização do país. A partir de 1980, o número de trabalhadores absorvidos na indústria tem uma estagnação em comparação aos quinquênios anteriores. Esse achatamento da curva se deve ao fato de que nesse período começou um fenômeno importante na economia brasileira: o da desindustrialização.

O conceito de desindustrialização pode ser definido conforme os escritos de Rowthorn e Ramaswany como um fenômeno natural em uma economia capitalista que consiste na diminuição da participação da indústria na oferta de emprego e na geração de produto. Para maior clareza, não significa que a indústria está sendo necessariamente destruída, mas sim que ela diminui sua importância na geração de valor. Normalmente, esse fenômeno ocorre naturalmente em economias que já alcançaram elevado grau de desenvolvimento, com elevadas rendas *per capita*, o que está longe da realidade da economia brasileira.

Apesar disso, a desindustrialização pode se tornar um problema quando a produtividade não atinge um produto *per capita* elevado em comparação aos outros países mais ricos. Isso significa que a indústria é prejudicada quando há um aumento da renda *per capita* até certo nível. Neste caso, a elasticidade-renda da demanda por produtos manufaturados se altera em virtude do aumento da demanda por serviços. No caso do Brasil, a desindustrialização começou a ocorrer precocemente em relação às experiências internacionais, ou seja, sem atingir um nível de renda per capta elevado – o que resultou em problemas crônicos como *déficit* em conta corrente das contas externas e crescimento econômico no longo prazo comprometido.

Figura 2 - Participação da Indústria Geral no PIB de 1947-2020

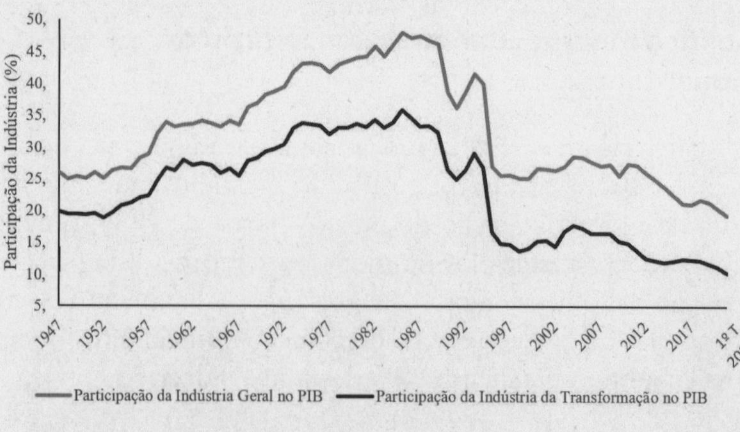

Fonte: Dados compilados pelo Portal da Indústria.[1] Elaboração gráfica própria.

1 PORTAL DA INDÚSTRIA. Disponível em: www.portaldaindustria.com.br. Acessado em: 17.10.2022.

A Figura 2 demonstra a tragédia brasileira em sua trajetória rumo ao não desenvolvimento. Segundo Bresser,[2] a desindustrialização brasileira se inicia nos anos 1980 com a crise da dívida externa e crise inflacionária. Segundo artigo publicado por Nelson Barbosa,[3] o crescimento acumulado da década de 1980 até 1990 do PIB *per capita* brasileiro foi de -3,9% frente os 79,1% da década anterior – década do II Plano Nacional de Desenvolvimento (II PND). Durante a década de 1920 a 1980, o autor afirma que o crescimento do PIB *per capita* foi de 826%.

Na década seguinte, a de 1990, ocorre a abertura comercial e financeira no Brasil. Essa última com o intuito de atrair divisas que objetivavam o aumento do consumo e que, por conseguinte, incorreu na apreciação cambial crônica, cuja qual contribui para o déficit persistente em transações correntes. Isso computa no agravamento da desindustrialização brasileira.

Além dos fatores conjunturais apresentados para o agravamento da desindustrialização, outra discussão importante é a de o Brasil estar sob os efeitos da *Doença Holandesa*. A doença holandesa é um fenômeno que originariamente ocorreu nos Países Baixos com o aumento dos preços do gás natural, o que culminou na derrubada da atratividade das negociações de outras mercadorias no mercado interacional por conta do grande volume de receitas devido a este aumento. Dessa forma, a *Doença Holandesa* pode ser compreendida como a "maldição dos recursos naturais". Os países, com a sua vantagem comparativa no mercado internacional, se especializam na produção e na negociação de produtos primários em detrimento dos manufatureiros devido ao preço de equilíbrio favorável. Em

---

2 BRESSER-PEREIRA, Luiz Carlos. "Desprotecionismo e Desindustrialização". *Jornal Valor Econômico*, São Paulo, 23 mar. 2012.

3 BARBOSA, Nelson. "Evolução do PIB *per capita* e situação política". *Blog do IBRE-FGV*, 2020. Disponível em: https://blogdoibre.fgv.br/posts/evolucao-do-pib-capita-e-situacao-politica. Acessado em: 29.09.2022.

outras palavras, o preço cambial em equilíbrio impõe aos produtos manufatureiros a condição de serem menos competitivos, enquanto os bens "naturais" se tornam mais atrativos a serem negociados, já que auferem maiores lucros do que os bens manufatureiros no mercado internacional.

Bresser[4] calcula que a apreciação cambial aliada à alta taxa de juros que configura a guinada da política econômica favorece a manutenção da *Doença Holandesa*. Isto é, em meio a uma situação de total descalabro inflacionário e desiquilíbrio externo, o Estado brasileiro focou, desde os anos 1980, em execuções de planos de estabilização econômica fracassados. Pode-se afirmar que, com a implementação do chamado Consenso do Washington, o Brasil ressignificou o papel do Estado na economia que havia adotado desde 1930. Mais precisamente, durante o Plano Real, tem-se a adoção de câmbio fixo valorizado, que foi mantido pela expressiva alta na taxa básica de juros (SELIC). Tudo isso, aliado a uma abertura comercial e privatizações de empresas indiscriminadas ao longo da década.

Em 1999, após crises no balanço de pagamentos, o país adota o chamado tripé macroeconômico, aliás, vigente até os dias de hoje. Tal política econômica está calcada em regime de câmbio flutuante e sobrevalorizado, *superávit* primário e metas para inflação. O Estado passa, portanto, a implementar políticas de controles de gastos públicos, abandonando projetos e estratégias de desenvolvimento econômico, mantendo a crença neoliberal de que o livre mercado com a estabilidade de preços resolveria todos os problemas econômicos.

O efeito na indústria doméstica, portanto, é devastador, pois, além de encarecer o custo do dinheiro com taxas de juros elevadíssimas, tornou o produto nacional pouco competitivo internacionalmente, junto com uma concorrência doméstica desleal via importações, em virtude da apreciação cambial por um longo período.

---

4 BRESSER-PEREIRA, Luiz Carlos, 2010.

Como demonstrado anteriormente na Figura 2, pode-se ver que o resultado desse estado de coisas se reflete na participação da indústria no PIB, que despenca de 46,1% para patamares de 10% nos últimos anos. Ou seja, é evidente que, conforme argumentado até aqui, o nascimento da indústria e seu desenvolvimento sempre teve o apoio imprescindível do Estado brasileiro, à luz de um planejamento de desenvolvimento estrutural. Contudo, a partir da década de 1980, sua ação mudou radicalmente. Não se trata aqui de dizer que o Estado retirou os incentivos à industrialização, mas sim, passou a promover a desindustrialização.

Com os cenários das últimas duas décadas do último milênio para o Brasil, uma nova etapa se inicia com a eleição de um governo com o principal objetivo de erradicação da desigualdade social, promovendo a distribuição de renda através de investimentos públicos. O governo Lula, eleito em 2002, tem além dos programas sociais como Bolsa Família o denominado Programa de Aceleração do Crescimento (PAC) em sua agenda. Esse último teve como principal foco os investimentos públicos nos setores de energia e transporte e que eram sintetizados por empresas estatais e privadas através de concessões públicas em infraestrutura e expansão do crédito para investimentos articulados por bancos públicos.[5]

Embora a participação da indústria tenha oscilado pouco durante os governos do PT, conforme demonstrado na Figura 2, isso não impediu que a participação da indústria no PIB continuasse a cair no período subsequente. Ou seja, o PAC não proporcionou uma mudança estrutural na economia brasileira. Não conseguiu inverter o processo de desindustrialização da economia brasileira.

O primeiro governo Lula manteve políticas fiscais neoliberais, como a manutenção dos superávits primários do setor público, juros

---

5 FILHO-SAAD, A; MORAIS, L. "Da economia política à política econômica: o novo-desenvolvimentismo e o governo Lula". *Revista de Economia Política*, vol. 31, nº 4 (124), out./dez. 2011.

altos e câmbio valorizado. Além disso, no segundo governo Lula, quando ocorre o *boom das commodities*, a política macroeconômica de viés neoliberal se manteve. Portanto, não se pode falar em neo-desenvolvimentismo no período. De certa forma, algumas intervenções pontuais foram meramente apoios às agendas neoliberais, como a política de elevação do salário-mínimo em termos reais, bem como a expansão creditícia aos agentes econômicos privados.[6]

4 A armadilha juros-câmbio e a redução do investimento industrial

O alto nível da taxa de juros experimentado desde os anos 1990 foi extremamente prejudicial para o ambiente macroeconômico brasileiro. Se comparado aos países ricos e em desenvolvimento, o Brasil comumente esteve durante anos ancorado sobre a ortodoxia econômica de manutenção de taxa de juros elevadas e de política monetária contracionista e pouco flexível mesmo em momentos de relativa estabilidade.

Este cenário se estabeleceu quando o Brasil precisou sustentar, em primeiro lugar, a paridade US$1 para R$1, estabelecida na segunda etapa da estabilização do Plano Real. Em segundo lugar, para mitigar a ausência de reservas que o país experimentou no final dos anos 1990, que levou ao endividamento externo por meio de empréstimos tomados com entidades internacionais. Posteriormente, poucos foram os momentos em que a política monetária foi flexibilizada em favor de um ambiente mais favorável para o investimento e o crescimento.

---

6 FILHO-SAAD, A; MORAIS, L. "Da economia política à política econômica: o novo-desenvolvimentismo e o governo Lula". *Revista de Economia Política*, vol. 31, nº 4 (124), out.-dez./2011.

Figura 3 - Comportamento da taxa de juros x câmbio

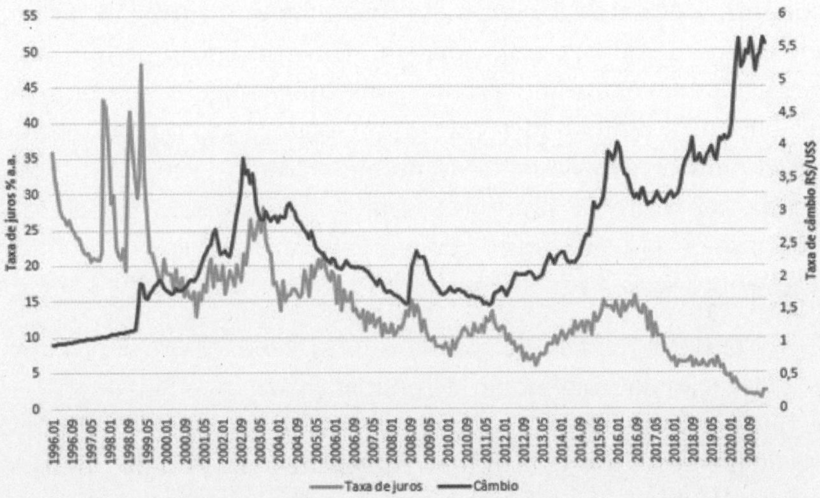

Fonte: Ipeadata. Elaboração dos autores.

A justificativa sustentada para conservar altas taxas de juros era o cumprimento da meta de inflação, sem considerar as consequências para o setor produtivo decorrente. Dessa forma, o Banco Central do Brasil se comprometeu expressamente em manter a estabilidade monetária sem delegar importância para o setor produtivo e para o emprego.

Ao elevar as taxas de juros, os *policy makers* obtiveram sucesso atraindo capital internacional especulativo e de curto prazo, que buscavam a alta rentabilidade dos títulos públicos, promovendo especulação no mercado, e, simultaneamente, desestimulando o investimento produtivo. Altas taxas de juros também oneram a dívida pública, gerando um esforço contracionista nos gastos públicos sob o argumento de manter sua estabilidade. Este estado de coisas, ao reduzirem as expectativas acerca da demanda efetiva, comprometeu uma parcela maior do orçamento público para o pagamento de juros e reduzindo a quota destinada ao investimento.[7]

7 BRESSER-PEREIRA, Luiz Carlos; OREIRO, José Luiz; Marconi, Nelson. *Macroeconomia Desenvolvimentista*: teoria e política econômica

Para a ortodoxia econômica, que é a base do pensamento econômico por trás do regime de metas e da utilização da taxa de juros para controle inflacionário, há a concepção de que elevar as taxas de juros promoveriam, consequentemente, um aumento na poupança, reduzindo o consumo e realocando o nível geral de preços para dentro da meta de flutuação estabelecida. Isto posto, haveria um ponto de equilíbrio ideal dentro da teoria neoclássica, que conseguiria equilibrar o consumo presente e o consumo futuro e este ponto seria a taxa de juro.[8]

Contudo, Keynes alertou sobre as dificuldades de se promover uma elevação da taxa global de poupança sem que haja uma perspectiva positiva para o investimento, pois, ao promover o estímulo a poupar e reduzir o consumo, o montante agregado da poupança se reduz devido à redução do gasto global da economia.

> Desse modo, ainda que uma elevação na taxa de juros possibilite à comunidade maior poupança com determinada renda, pode-se ter a certeza de que a elevação da taxa de juros (se não ocorrer nenhuma mudança favorável na escala da procura de investimento) fará diminuir o próprio agregado da poupança.[9]

A utilização de taxas de juros elevadas não só é prejudicial por elevar o custo de capital, mas conjuntamente por apreciar a taxa de câmbio, que é um importante preço macroeconômico responsável por ajustar as expectativas de ganhos das empresas nacionais e por definir o acesso a produtos importados no mercado nacional.

No momento em que a política industrial foi deixada de lado como prioridade para a política macroeconômica, a taxa de

---

do novo desenvolvimentismo. 1ª ed. Rio de Janeiro: Campus, 2016.

8 BELLUZZO, Luiz Gonzaga; GALÍPOLO, Gabriel. *Manda quem pode, obedece quem tem prejuízo*. São Paulo: Contracorrente, 2017.

9 KEYNES, John Maynard. *A Teoria Geral do juro, do emprego e da moeda*. São Paulo: Nova Cultural, 1996, p. 131.

câmbio deixou conjuntamente de ser tratada como um importante instrumento para esse fim. A sobreapreciação da taxa de câmbio experimentada nos anos seguintes ao Plano Real afetou diretamente o setor industrial.

A taxa de câmbio contém grande relevância por influenciar a competitividade das mercadorias nacionais no mercado internacional, sendo ela responsável por definir o grau de competitividade dos produtos. Uma taxa de câmbio depreciada torna os produtos produzidos nacionalmente mais baratos e competitivos internacionalmente. A China, por exemplo, adotou por anos esta estratégia atraindo a renda internacional e tornando seus produtos competitivos em mercados estrangeiros, especialmente o norte-americano. Quando a taxa de câmbio atinge patamares altamente valorizados, como os experimentados nos anos 2000-2005 e no período de 2008-2014, o estímulo para a exportação se torna menor, reduzindo o estímulo para a exportação das empresas nacionalmente competitivas.

Figura 4 - Taxa de câmbio R$/US$ e momentos

Fonte: Ipeadata. Elaboração dos autores.

A taxa de câmbio se manteve por muito tempo apreciada, com influência direta sobre o consumo, pois estimulou a importação de bens manufaturados, fazendo com que houvesse substituição do consumo de produtos produzidos nacionalmente pelos importados. Este movimento não só induz ao consumo, mas à alocação de recursos disponibilizados para o investimento dos empresários e, consequentemente, no nível de emprego.

Desde o Plano Real, os únicos momentos em que a taxa de câmbio se tornou competitiva foi por conta de fatores exógenos a um plano de desenvolvimento, sendo eles: (i) o período eleitoral de 2002, em que havia uma grande desconfiança por parte do mercado financeiro acerca da possibilidade de modificação do tripé macroeconômico estabelecido com o Plano e da "ameaça política" que o PT poderia desempenhar para o sistema econômico; (ii) a crise especulativa financeira de 2008; (iii) o período de recessão, estagnação, crise política e sanitária.

É interessante ressaltar que, salvo os momentos de exceção, desde o advento do Plano Real, a política econômica resultou em manter a taxa de câmbio sobrevalorizada, com impactos óbvios de deterioração sobre a indústria nacional.

Ao elevar o custo do capital por meio da taxa de juros e reduzir o acesso a rendas externas com uma taxa de câmbio sobrevalorizado, se intensificou a redução da participação da indústria sobre o PIB. O resultado da armadilha juros-câmbio sobre o setor produtivo foi inevitável.

Figura 5 - Taxa de investimento no Brasil (1947-2017) FBCF em % do PIB

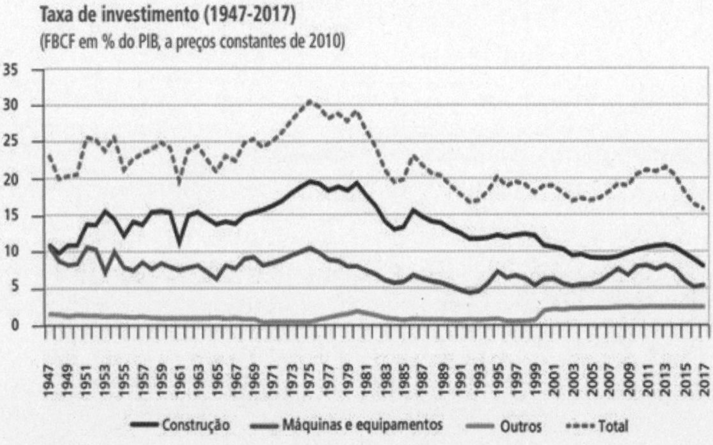

Fonte: IPEA; CORNELIO e Castro Souza.

A Figura 5 exibe a composição do investimento e o recrudescimento da série após os anos 1980, em que para os setores analisados da Construção Civil, de Máquinas e Equipamentos e Outros houve um grande recuo, saindo de patamares totais de 30% de participação do produto entre 1975-1981 para próximos de 16% em 2017. Concomitantemente à redução do investimento, a Figura 6 explicita o comportamento da taxa de depreciação do capital, que se intensificou desde os anos 1990.

Figura 6 - Taxa de depreciação implícita (1947-2017) em %

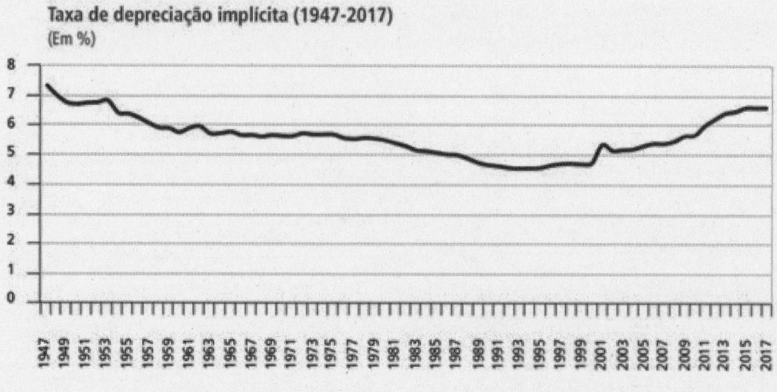

Fonte: IPEA; CORNELIO e Castro Souza.

Vale ressaltar que o abandono da participação do Estado na produção e no planejamento resultou na situação evidenciada neste texto. O debate acerca da participação e do planejamento não é recente, mas a prisão ideológica posta sobre os formuladores de política econômica no Brasil impede que haja uma abertura positiva para o horizonte.

O comportamento do produto nos anos posteriores à estabilização de preços promovida pelo Plano Real pode ser caracterizado como *Stop-and-Go*, em que anos de crescimento são sucedidos por estagnação e declínios no produto. Tal comportamento demonstra que não existe uma base de sustentação fixa para o crescimento de médio e longo prazo no país. Somente na primeira década do século XXI, por causa das condições externas favoráveis promovidas pela demanda chinesa por *commodities*, é que foi possível algum período de crescimento.

De acordo com Lacerda:

> O apelo à valorização artificial da moeda é grande no Brasil. A renda da exportação de *commodities* associada à pratica de

> juros reais elevados proporciona um terreno fértil para isso. Os resultados de curto prazo são inegáveis, com o barateamento das importações, das viagens e compras no exterior. O problema é que esse ganho de curto prazo se esvai no médio e longo prazos, trazendo consequências danosas para a indústria, que perde tecido, desestimula as exportações de manufaturados e o emprego nesses setores, assim como deteriora as contas externas.[10]

John Kenneth Galbraith, em seu "O Novo Estado Industrial",[11] não só remete que há a necessidade da participação do Estado no processo produtivo, como também apresenta a necessidade do planejamento para evitar que as fragilidades sejam expostas em momentos de crise, sendo, portanto, não só um participador ativo do processo produtivo como um provedor da estabilidade.

> A natureza do planejamento industrial consiste em prever as medidas que se tornam necessárias entre o início da produção e seu término e em preparar-se para a execução dessas medidas. E consiste também em prever e ter um plano para atender a qualquer evento inesperado, favorável ou não, que possa ocorrer nesse ínterim.[12]

Considerações finais

O Estado brasileiro, desde a década de 1980 e, mais especificamente, a partir dos anos 1990, perdeu autonomia para continuar

---

10 LACERDA, Antonio Corrêa de. "Entrevista concedida em 2 de novembro de 2016". *Panorama mercantil*. Disponínel em: https://panoramamercantil.com.br/antonio-correa-de-lacerda-desindustrializacao-no-brasil-e-um-fato/. Acessado em: 14.10.2022.

11 GALBRAITH, John Kenneth. *O Novo Estado Industrial*: a natureza do planejamento industrial. São Paulo: Nova Cultural, 1998.

12 GALBRAITH, John Kenneth. *O Novo Estado Industrial*: a natureza do planejamento industrial. São Paulo: Nova Cultural, 1998, p. 31.

implementando uma política econômica de desenvolvimento lastreada, principalmente, por uma política macroeconômica de apoio ao desenvolvimento industrial que fosse capaz de aumentar o valor agregado dos bens e a produtividade na economia brasileira, com destaque para a indústria de transformação.

A política econômica do chamado "tripé" macroeconômico (metas de inflação, superávit fiscal primário e câmbio sobrevalorizado), tanto a gestão fiscal quanto monetária e cambial, ficou submetida ao circuito financeiro que se instalou na nossa economia e que permanece até hoje. Criou-se, desta forma, um ambiente onde a política de austeridade fiscal, com juros elevados, foi contraditória na medida em que a dívida pública se elevou em mais de 600% somente no primeiro governo FHC. Junto a isso, a política de câmbio apreciado, com foco em privatizações de empresas chave dentro da economia brasileira, enfraqueceu cadeias produtivas locais. Tais políticas de viés neoliberal acabaram por manter a economia em trajetória de baixo e instável crescimento econômico, além de aumentar a frequência de crises financeiras. Como diria Celso Furtado, o Estado brasileiro optou pelo mal desenvolvimento.

A política macroeconômica expôs o setor industrial, sobretudo a indústria de transformação e de capital, a um processo prematuro de desindustrialização. Ao invés de promover o desenvolvimento, vem patrocinando o rentismo que é completamente desconexo aos interesses e necessidades reais do país. Da mesma forma, têm propagado ideias fantasiosas onde somente o investimento privado viria para modernizar sobretudo a tão combalida infraestrutura brasileira; não veio e nem virá, a despeito de todas as reformas que tanto têm penalizado os trabalhadores brasileiros. De maneira perversa essas ideias têm levado a maximização dos ganhos de alguns poucos, sem a maximização da satisfação de seu povo.

Assim, o Estado brasileiro, sobretudo nos últimos anos, não criou as condições para promover um ambiente econômico que induzisse o investimento, o crescimento e o desenvolvimento na economia brasileira de maneira a promover ganhos de produtividade no setor industrial, infraestrutura etc. Muito ao contrário, o governo

Temer e o governo Bolsonaro, com suas políticas conservadoras, aprofundaram dramaticamente o desmonte das instituições estatais promotoras do desenvolvimento econômico, produzindo expectativas desfavoráveis ao investimento produtivo do setor privado. Isto, na ausência do investimento público, tem acarretado uma forte deterioração econômica-social sem precedentes no país. Situação esta que se torna trágica com a pandemia pela ausência de uma política sanitária do governo federal e de políticas públicas consistentes com o tamanho da crise econômica deflagrada.

A experiência nos ensina que o Estado é um agente importante na indução e fomento da produção de bens e serviços. É também um árbitro, através das políticas públicas, para induzir a melhor alocação de recursos e a distribuição de renda.

Referências bibliográficas

BARROS, José Roberto "Mendonça de. Agricultura e energia: notas introdutórias ao dilema dos anos 80". *In*: BARROS, José Roberto Mendonça. *Economia Agrícola*. São Paulo: IPE/USP, 1982.

BATISTA JUNIOR, Paulo Nogueira. *Da crise internacional à moratória brasileira*. Rio de Janeiro: Paz e Terra, 1988.

BELLUZZO, Luiz Gonzaga de Mello; ALMEIDA, Júlio Gomes. *Depois da Queda*: a economia brasileira depois da crise da dívida aos impasses do real. Rio de Janeiro: Civilização Brasileira, 2002.

BELLUZZO, Luiz Gonzaga; GALÍPOLO, Gabriel. *Manda quem pode, obedece quem tem prejuízo*. São Paulo: Contracorrente, 2017.

BOCCHI, João Ildebrando. "Anos 1990: A modernização Conservadora". *In*: REGO, José Marcio; MARQUES, Rosa Maria (Coord.). *Economia Brasileira*. 4ª ed. São Paulo: Saraiva, 2012.

BRESSER-PEREIRA, Luiz Carlos. "Desprotecionismo e Desindustrialização". *Jornal Valor Econômico*, São Paulo, 23 mar. 2012.

BRESSER-PEREIRA, Luiz Carlos; OREIRO, José Luiz; Marconi, Nelson. *Macroeconomia Desenvolvimentista*: teoria e política econômica do novo desenvolvimentismo. 1ª ed. Rio de Janeiro: Campus, 2016.

CASSEB, Norma Cristina Brasil. "A distribuição de Renda na Esfera Macroeconômica: Decisões de Investimentos e Bens de Salário". *Estudos Econômicos*, São Paulo, vol. 26, nº 3, set./dez. 1996.

_____. "As Condições Macroeconômicas da concentração de Renda no Brasil". *In*: MELLO, Cristina Helena Pinto de; PORTUGAL JUNIOR, José Geraldo. *Economia*: pensamento e ação. São Paulo: LCTE, 2009.

_____. *Perfil dos investimentos e distribuição de renda na economia brasileira: 1970-1993*. São Paulo: FEA/USP, 1995. (Tese de Doutorado).

CASTRO, Antônio Barros de; SOUZA, Francisco E. Pires de. *A economia brasileira em marcha forçada*. Rio de Janeiro: Paz e Terra, 1985.

FILHO-SAAD, A.; MORAIS, L. "Da economia política à política econômica: o novo-desenvolvimentismo e o governo Lula". *Revista de Economia Política*, vol. 31, nº 4, out.-dez./2011.

GALBRAITH, John Kenneth. *O Novo Estado Industrial*: a natureza do planejamento industrial. São Paulo: Nova Cultural, 1998.

IBGE. *Censo Agropecuário*. Disponível em: https://www.ibge.gov.br/estatisticas/economicas/agricultura-e-pecuaria/9827-censo-agropecuario.html?=&t=destaques. Acessado em: 29.09.2022.

IPEA DATA. *Número total de Estabelecimentos ou Unidades Locais – Indústria*. Disponível em: http://ipeadata.gov.br/beta3/. Acessado em: 29.09.2022.

_____. *Pessoal ocupado na Indústria*. Disponível em: http://ipeadata.gov.br/beta3/. Acessado em: 29.09.2022.

KEYNES, John Maynard. *A Teoria Geral do juro, do emprego e da moeda*. São Paulo: Nova Cultural, 1996.

LACERDA, Antonio Corrêa de. "Entrevista concedida em 2 de novembro de 2016". *Panorama mercantil*. Disponínel em: https://panoramamercantil.com.br/antonio-correa-de-lacerda-desindustrializacao-no-brasil-e-um-fato/. Acessado em: 14.10.2022.

MARX, Karl. *O capital*. São Paulo: Nova Cultural, 1996.

OLIVEIRA. F. *A economia da dependência imperfeita*. 4ª ed. Rio de Janeiro, Graal, 1984.

PALMA, José Gabriel. *Quatro fontes de "Desindustrialização" e um novo conceito de "Doença Holandesa"*. São Paulo: FIESP e IEDI, 2005.

PORTAL DA INDÚSTRIA. Disponível em: www.portaldaindustria.com.br. Acessado em: 17.10.2022.

RANGEL, Ignácio. *Introdução ao desenvolvimento econômico brasileiro*. 2ª ed. Rio de Janeiro: Ed. Bienal, 1990.

ROWTHORN, Robert; RAMASWAMY, Ramana. "Deindustrialization: Causes and Implications". *Staff Studies for the World Economic Outlook*. Washington: International Monetary Fund, 1997.

TAVARES, Maria da Conceição; BELLUZZO, Luiz Gonzaga de Mello. "Notas sobre o processo de industrialização recente no Brasil". *In*: BELLUZZO, Luiz Gonzaga de Mello; COUTINHO, Renata. *Desenvolvimento capitalista no Brasil*. São Paulo: Brasiliense, 1982.

CAPÍTULO III

INDUSTRIALIZAÇÃO E DESENVOLVIMENTO: AS CONTRIBUIÇÕES DE WILSON CANO

DANILO SEVERIAN
ANTONIO CORRÊA DE LACERDA

Introdução

O presente capítulo se propõe a uma análise da obra de Wilson Cano, especialmente no que se refere às questões da soberania, industrialização e integração regional. Uma preocupação central que permeia a produção intelectual de Cano é o da soberania nacional, embora nem sempre tratada de maneira direta. Seus trabalhos se endereçam continuamente ao tema, seja pela perspectiva da necessária industrialização enquanto estratégia para tal, seja pela análise dos conflitos distributivos que envolvem internamente o território e a espacialização da atividade produtiva, especialmente aquelas concernentes ao meio urbano e que desnudam as profundas desigualdades sociais do país.

Deste modo, Wilson Cano continua uma tradição da Economia Política crítica, que busca dissecar do particular os elementos que dão sentido e conformação ao todo, debruçando-se sobre a relação dialética entre os fenômenos econômicos e sociais e suas interações mutuamente e simultaneamente transformadoras. Para isso, recorre à história e às peculiaridades que singularizam seu objeto de pesquisa em dado contexto: as cidades, a industrialização, a estrutura fundiária rural e a agricultura itinerante, a formação regional do Brasil, a reflexão sobre a América Latina e as relações de poder no mundo capitalista entre o centro e a periferia.

Nesse sentido, Cano não pode ser reduzido às compartimentações das disciplinas econômicas: referência no estudo da questão regional e urbana, também o foi em relação aos caminhos e descaminhos da indústria no Brasil e das políticas de desenvolvimento, além de um crítico ferrenho do neoliberalismo a que vem se submetendo à política econômica latino-americana desde 1980. Em sua obra, o local e o global se conectam e são indissociáveis para a compreensão da dinâmica econômica nacional e do grau de dominação a que se sujeitam as economias não-centrais na arquitetura de poder global. Isso quer dizer que é preciso conhecer as sobredeterminações externas para se perceber as estratégias possíveis de afirmação nacional. Essa articulação entre o local e o global quebram de maneira contundente as concepções "localistas" e do "*small is beautiful*", tão distantes da realidade da periferia, quiçá do mundo real, ao problematizar os receituários de políticas públicas impostas a partir da retomada da hegemonia americana ao final dos 1970.

Seu rigor histórico é inseparável de seu compromisso metodológico quando trabalhava diretamente com os dados. Esse rigor legou a gerações de alunos e pesquisadores um compromisso com o tratamento responsável da informação primária e a busca contínua por indicadores que traduzissem de maneira assertiva os movimentos do real, sem perder o senso crítico e a desconfiança sadia em relação aos números e metodologias das pesquisas disponíveis – prova disso é sua reiterada crítica à descontinuação dos Censos Industriais pelo IBGE.

Não se pode deixar de pontuar que os traços da personalidade intelectual de Wilson Cano estão profundamente vinculados à sua formação cepalina e à influência que Celso Furtado exerceu sobre ele; talvez resida aí sua preocupação permanente com a questão da soberania nacional, da industrialização tardia e periférica, com as feições regionais impressas por essa industrialização e o modo de inserção que o Brasil e demais países industrializados da América Latina assumiram na divisão internacional do trabalho durante o século XX. Todos são temas tratados por Furado e que orbitam nas preocupações da escola histórico-estruturalista. Como não poderia deixar de ser, Cano era um intelectual com posição política clara e militante, o que nunca significou concessões partidárias à suas convicções ou reducionismo a posturas panfletárias.

Este capítulo pretende abordar aspectos selecionados da obra do Professor e refletir sobre alguns temas que são importantes na coesão de seu pensamento e produção intelectual. Na primeira seção, retoma-se os aspectos marcantes de sua contribuição para a questão regional brasileira, lidas sob o interesse da gênese da industrialização no país. Na segunda seção, discorre-se sobre o processo de industrialização entre 1930 e 1980 e os períodos de concentração e desconcentração da atividade manufatureira no território nacional, qualificando-os. Na terceira seção, busca-se problematizar em como as políticas de recorte territorial têm se articulado às políticas macroeconômicas no período recente. Na quarta seção, discute-se os aspectos que tem tirado o Brasil do caminho do desenvolvimento com equidade social, com a debilitação de sua indústria e consequentemente de sua soberania, sem deixar de apontar perspectivas para a superação dos desafios impostos ao país. Por fim, tecem-se as conclusões.

1 Raízes da indústria e da "questão regional" na obra de Wilson Cano

A transversalidade dos temas tratados por Wilson Cano tem como denominador comum a aplicação do método histórico-estrutural, ferramenta que o possibilitou abordar um amplo leque de fenômenos em perspectiva não só temporalmente ampliada como bem encadeada. Sem abdicar de uma coesão lógica em assuntos aparentemente distantes, Wilson Cano buscou na interpretação radical dos processos históricos, econômicos e políticos as elucidações para as questões que tomavam sua atenção.

Não por outro motivo, sua tese de doutoramento, "Raízes da Concentração Industrial em São Paulo",[1] foi o resultado de um passo atrás: o que seria uma antessala ao objeto principal de pesquisa – os aspectos regionais da industrialização brasileira pós-1930 – converteu-se no próprio objeto de investigação. O autor compreendeu que não poderia partir das políticas sistemáticas de promoção do desenvolvimento industrial iniciadas pela "Era Vargas", inauguradas sob a sombra da crise de 1929, como se a incipiente indústria previamente instalada fosse parte de um processo historicamente menor ou dado, o que sugeriria uma desconexão entre o início de uma estratégia política industrializante, a região preferencial que captou parte significativa desse desenvolvimento e o passado da indústria no país.

Era preciso, portanto, analisar a fundo as condições particulares que fizeram do estado de São Paulo o principal *lócus* da indústria nacional, a despeito das demais regiões, algumas chegando a regredir industrialmente após 1930. Isso exigiu uma cuidadosa leitura do papel da agricultura mercantil no Estado e das relações sociais ali estabelecidas durante o século XIX e início do XX. Assim, Cano trouxe uma contribuição autêntica e original sobre o papel do complexo econômico cafeeiro na constituição do mercado de consumo em São Paulo,[2] possibilitado por fatores como: a resolução pioneira à questão da mão de obra na segunda metade do século

1 CANO, Wilson. *Raízes da Concentração Industrial em São Paulo*. 3ª ed. São Paulo: HUCITEC, [1977] 1991.

2 Isto é, da progressiva predominância de relações de troca pautadas pela circulação monetária.

XIX, substituindo o trabalho escravizado pelo assalariado; pelo desenvolvimento diversificado de uma agricultura comercial produtora de alimentos e voltada ao mercado urbano; e por condições técnicas e ambientais que possibilitaram uma elevada ampliação do excedente sob controle da burguesia paulista, tanto pela ocupação de terras voltadas à cafeicultura quanto pela diversificação dos negócios.

A incorporação do imigrante europeu às lavouras via assalariamento, após formas embrionárias e pré-capitalistas de produção, como a "parceria" e o "colonato", propiciaram a formação e o progressivo alargamento do mercado regional, o que estava obstado em outras partes do país, como no Nordeste, onde as relações pré-capitalistas de exploração da força de trabalho persistiam na forma do cambão, do barracão etc. – expressões de opressão lamentavelmente ainda presentes no meio rural do país. Portanto, foi a capacidade do complexo cafeeiro paulista em assimilar as formas capitalistas de produção que permitiu a reprodução ampliada de seu capital e uma ampla vantagem dessa região em relação às demais na dinamização do processo de acumulação.

O fato de a produção cafeeira ter se forjado enquanto um complexo capitalista significou a instalação de uma cadeia interdependente, relativamente ampla e diversificada da produção sob o domínio de brasileiros, que se articulava desde o financiamento até o principal ponto final da circulação mercantil do país: o porto de Santos. Isso implica dizer que São Paulo caracterizou-se por um arranjo produtivo que terminava por estender a divisão social do trabalho, complexificando as relações sociais de produção, reprodução e circulação, em contraponto ao perfil de enclave que as economias regionais estagnadas ou decadentes sustentavam enquanto remanescentes dos grandes ciclos mercantis anteriores, preservando unidades produtivas semiautárquicas e com interações não-capitalistas.

Esta interdependência econômica que demarcava o complexo cafeeiro ganhava expressão territorial com a progressiva ocupação do interior do Estado na busca por terras favoráveis à lavoura, marchando no sentido do oeste paulista. O exaurimento do solo e envelhecimento dos cafezais no Vale do Paraíba, tanto pelo lado fluminense quanto paulista, somado à predominância do emprego da força de trabalho escravizada na região, atuavam na redução da produtividade e elevação dos custos, sobretudo ao final do século XIX, quando se rareava a disponibilidade de cativos. Esse movimento de ocupação bem-sucedido à oeste, dada a qualidade do solo e disponibilidade de terras, abriu pelo território ferrovias que auxiliaram na criação e integração da rede urbana estadual, constituindo uma infraestrutura importante às atividades industriais que viriam a florescer. A própria indústria auxiliar ao capital mercantil-exportador, como as de sacaria de juta na região de Campinas, importante entroncamento para o escoamento da produção rumo ao porto de Santos, é exemplar nesse sentido, descrevendo também o perfil pouco sofisticado que essa manufatura pré-1930 assumia. O núcleo econômico, ou a atividade que dava sentido econômico à organização capitalista da produção era o complexo cafeeiro, e mesmo as indústrias de bens de consumo leves, destacadamente a têxtil, dependiam em alguma medida do desempenho do setor dominante. De todo modo, eram indústrias cerceadas pela estreita dimensão do mercado interno, visto o baixíssimo nível dos salários e a elevada propensão a importar das elites.

Cano demonstra que não necessariamente havia movimentos síncronos entre o desempenho da cafeicultura e o da indústria no contexto pré-1930. Houve momentos em que a demanda externa respondia favoravelmente ao café e a indústria se animava internamente, e aqueles onde o enfraquecimento do setor externo debilitava tanto o complexo cafeeiro quanto a indústria, sobretudo pela restrição trazida à capacidade de importar em um cenário de elevada dependência externa de alimentos[3] e bens de produção industrial (intermediários e de capital).

---

3 A atenuação dessa dependência alimentar só ocorreria a partir do início do século XX, com o desenvolvimento da agricultura comercial de gêneros alimentícios.

Se, por um lado, uma queda de lucratividade na atividade cafeeira liberava capitais para buscar valorização no setor industrial, as desvalorizações cambiais voltadas a defender o preço do café em momentos de baixa repercutiam em efeitos refreadores à indústria, pela já mencionada restrição à capacidade de importar. Contudo, também houve certos momentos em que o café ia bem e a indústria ia mal, e vice-versa. O fundamental, para além da observação conjuntural das taxas de crescimento e queda, é apreender que havia uma relação hierárquica entre o capital mercantil-exportador ligado ao café, e o capital industrial, sendo, em primeira e última instância, os estímulos externos que determinavam o vigor da economia brasileira pré-1930.

Nesse contexto, Wilson Cano chama a atenção, em linha com João Manuel Cardoso de Mello,[4] que a existência de indústrias no país não significa ser industrializado ou estar em processo de industrialização. Isso implica centralidade do padrão de acumulação comandado pela manufatura, numa dinâmica assentada na realização e inversão interna de grande parte do excedente do setor, que amplia e diversifica suas condições de oferta. Neste quadro, portanto, a indústria exerce papel central na organização socioeconômica do país. Assim, a despeito de haver indústrias no Brasil antes de 1930 e de São Paulo já deter importante participação no setor, não se observava um processo de industrialização no período pré-1930, pois não se tratava de um padrão de acumulação comandado pela manufatura. Pelo contrário, este era um corolário do complexo cafeeiro. Foi apenas com as políticas de promoção do processo de substituição de importações na década de 1930, com forte intervenção estatal, que a orientação do aparelho produtivo passou a centrar-se na manufatura e voltar-se para os determinantes internos da acumulação.

A ênfase que Wilson Cano dava ao período Vargas como ponto de virada estrutural do país, e a importância que o complexo

---

4 MELLO, João Manuel Cardoso de. *O capitalismo tardio*. 8ª ed. São Paulo: Brasiliense, 1991.

cafeicultor paulista e a crise de 1929 exerceram para a gestação de uma nova consciência e configuração das relações capitalistas de produção no sentido da industrialização, pode ser atestada pelo reiterado número de vezes em que o autor se dedica ao resgate do contexto histórico do período.[5] Não é um exercício menor ou demonstração pretenciosa de erudição *soft science*, senão o emprego de um método analítico que dimensiona as relações capitalistas de produção dentro dos determinantes históricos particulares em que estas se forjaram. A inadequação teórica dos arsenais manualizados, inclusive aqueles da *regional science*, se desvela pelo vício neoclássico de negação da história e da suposta ergodicidade das relações econômicas. Seguindo a tradição da economia política crítica, Wilson Cano rejeita modelos transplantados e empreende um esforço genuíno e radical, no sentido da busca pelo essencial, ao interpretar os processos históricos munido de ferramental teórico que escrutina as origens, a evolução e as singularidades da industrialização na periferia capitalista, apoiando-se na escavação zelosa de dados estatísticos que o suportam no entendimento de uma época e dos fenômenos nela gestados.

É evidente que captar os elementos que conduziram às transformações estruturais da economia brasileira a partir da década de 1930 passa pela consideração dos interesses particulares de uma classe industrial ascendente, inclusive na dimensão política, e que passou a ver seus objetivos imbricados aos de setores imiscuídos nos destinos políticos do país, particularmente com os segmentos militares.

Essa simbiose foi bem-sucedida nas circunstâncias históricas da "Revolução de 1930", promovendo a integração do território e a consequente diluição dos "arquipélagos regionais", induzindo conflitos com oligarquias ancestralmente consolidadas regionalmente.

---

5 CANO, Wilson. *Desequilíbrios regionais e concentração industrial no Brasil – 1930-1970*. São Paulo: Unesp, [1981] 2007; CANO, Wilson. "A desindustrialização no Brasil". *Economia e Sociedade*, Campinas, vol. 21, nº especial, dez. 2012.

Impunha-se, nesse processo, os interesses de uma burguesia industrial gestada no complexo cafeeiro e voltada à realização do valor segundo a plenitude do modo capitalista de produção de mercadorias – destacadamente convertendo o trabalho numa delas. Sua capacidade de disputar novos mercados de maneira competitiva significou o desmantelamento de indústrias que contavam com os mecanismos de proteção de seus "arquipélagos".

Em termos concretos, a reconfiguração da estrutura de poder e de acumulação capitalista a partir de 1930 pôs fim às tarifas interestaduais, que preservavam o poder das elites locais ao impedir a concorrência com outras "regiões", instituindo em seu lugar um imposto nacional sobre o consumo. Adotou-se políticas cambiais que viabilizaram as importações industriais, permitindo a incorporação do progresso técnico e os decorrentes ganhos de produtividade. A integração dos mercados ocorreu pelo mecanismo mais rápido e menos custoso: o modal rodoviário, que pôde expandir-se mais facilmente pelo imenso território. A autonomia alfandegária por parte das unidades da federação sobre o mercado externo foi extinta, cabendo a centralização da competência em mãos da União, que elevou significativamente os preços relativos das importações a fim de favorecer a indústria nascente, concretizando dessa maneira o processo de substituição de importações. Dessa maneira, entre 1933 e 1939, a indústria nacional cresceu a uma taxa de 11,2%, sendo São Paulo o centro dinâmico desse movimento, crescendo 14%.[6]

Fundamentalmente, o período inaugurado pela ascensão de Getúlio Vargas significou a centralização político-administrativa do país pela União e o enfraquecimento da autonomia dos entes federados. A contrapartida às velhas oligarquias rurais, que tinham na "autonomia regional" a expressão de seu poder local, foi a manutenção de um regime fundiário que, ao obstar o acesso à terra, preservava seu domínio político-econômico. A manutenção desse

6 Segundo dados do IBGE, disponíveis em: www.ibge.gov.br.

"pacto de elites" produziu pressões que se tornaram evidentemente insuportáveis nos anos 1950-1960, pois de um lado conduzia a uma explosão demográfica e de pobreza extensiva nas grandes cidades do Centro-Sul do país, ao mesmo tempo em que agravava os conflitos sociais no campo.

A Superintendência do Desenvolvimento do Nordeste (Sudene) surge em meio ao contexto de exacerbação dos problemas urbanos e agravamento dos conflitos rurais, ao mesmo tempo em que o debate sobre a "questão regional", ou o problema dos "desequilíbrios regionais", são paulatinamente incorporados à teoria do subdesenvolvimento. Autores como François Perroux,[7] Gunnar Myrdal[8] e Albert Hirschman[9] são fundamentais nesse momento para a elaboração de uma leitura que situava as especificidades da periferia capitalista no processo de crescimento econômico, nunca "equilibrado": o crescimento, pelo contrário, pressupõe a agudização dos desequilíbrios, e seus resultados, se não corretamente administrados, fundem o problema social ao problema regional, ou, de outra forma, reproduzem a desigual distribuição da renda numa perspectiva das regiões.

Essa literatura penetra de maneira importante na Cepal, sendo marcante para Celso Furtado e claramente referenciada no diagnóstico elaborado por ele no Grupo de Trabalho para o Desenvolvimento do Nordeste,[10] que lançaria as bases para a criação da Sudene, em 1959. Parte-se da constatação de que o processo de industrialização nos países subdesenvolvidos tende a ocorrer de forma concentrada

7 PERROUX, François. *A economia do século XX*. Lisboa: Herder, 1967.

8 MYRDAL, Gunnar. *Teoria econômica e regiões subdesenvolvidas*. Rio de Janeiro: Saga, 1965.

9 HIRSCHMAN, Albert O. *Estratégia do Desenvolvimento Econômico*. Rio de Janeiro: Fundo de Cultura, 1961.

10 GTDN. Conselho de Desenvolvimento. Presidência da República. *Uma política de desenvolvimento econômico para o Nordeste*. Rio de Janeiro: Departamento de Imprensa Nacional, 1959.

no território, dadas as limitações de tamanho do mercado, a baixa capacidade de poupança e a necessidade de aproveitamento das externalidades positivas criadas em determinadas regiões do país, por motivos pregressos e variados. Tendo como base essa leitura, era preciso, segundo o GTDN, a promoção da reversão deste quadro através da planificação, promovendo uma "industrialização autônoma" da região Nordeste.

2 Industrialização retardatária e acelerada: da fase restringida à pesada e suas dinâmicas regionais

O modelo levado a cabo entre 1933 e 1955 foi caracterizado como de "industrialização restringida" por M. C. Tavares,[11] conceito também adotado por J. M. C. Mello[12] e por Wilson Cano.[13] Ele circunscreve um primeiro período em que o processo de industrialização se gesta num ambiente de restrições técnicas e financeiras que refreiam a consolidação de um setor produtor de bens de capital que dê condições ao conjunto do aparelho produtivo de se antecipar à demanda e suportar um crescimento econômico mais vigoroso, gerando novas demandas industriais e induzindo a ampliação e sofisticação do terciário.

Portanto, trata-se de uma indústria voltada aos bens-salários que se reproduz pela extensão horizontal da produção, predominantemente replicando os padrões tecnológicos de produção precedentes. Nesse modelo, é de se esperar que aquelas regiões com mercados

---

11 TAVARES, M. C. "O processo de substituição de importações como modelo de desenvolvimento na América Latina". *In*: BIELSCHOWNSKY, R. *Cinquenta anos de pensamento na CEPAL*. Rio de Janeiro: Record, 2000.

12 MELLO, João Manuel Cardoso de. *O capitalismo tardio*. 8ª ed. São Paulo: Brasiliense, 1991.

13 CANO, 1985.

melhor estruturados obtenham vantagens tanto na esfera da produção quanto da circulação, visto que podem intensificar e expandir seu fluxo econômico. O produto real da indústria brasileira mais que triplicou entre 1919 e 1939, tendo o produto da periferia industrial nacional (Brasil – São Paulo) triplicado. Já o estado de São Paulo quadruplicou seu parque industrial no período e, uma década depois, cresceu duas vezes e meia mais, enquanto a periferia nacional era industrialmente quase o dobro do que fora em 1939.

Esses dados trazidos por Cano permitem respaldar sua negação acerca da existência de um "imperialismo paulista sanguessuga", visto que, apesar da elevação da concentração industrial em São Paulo devido aos diferenciais de crescimento e de seu protagonismo a nível nacional, o produto industrial do país como um todo crescia de maneira acelerada, saltando de uma taxa média de 4,4% entre 1920 a 1928 para 7,8% entre 1930 e 1949, enquanto o estado de São Paulo cresceu, respectivamente, 6,6% e 9,7% e a periferia nacional, 3,3% e 6,2%.

A mudança no padrão de acumulação para a "industrialização pesada" viria a ocorrer em meados dos anos 1950, apoiada pelo estrangulamento externo do pós-guerra, o que implicava em importantes restrições na capacidade de suprimento da estrutura industrial interna e estímulos à produção doméstica; e pelo Programa de Metas, que viria a alterar o patamar das taxas de crescimento industrial pela captação externa de capitais de risco e consolidação dos setores de bens duráveis e de capital. Essa incursão de capitais no país resolvia parcialmente os problemas cambiais, ao mesmo tempo em que estabelecia os segmentos mais sofisticados e intensivos em capital com protagonismo das empresas oligopolistas transnacionais, que se instalaram com capacidade ociosa planejada, investimentos de grande porte e densidade de capital, cujo setor automobilístico é o mais simbólico. Apoiadas pelas empresas Estatais nas indústrias de base (energia, metalurgia, petroquímica etc.) e pelas políticas de subsídio às remessas de lucros (instrução n. 113 da Sumoc), o departamento produtor de bens de capital e de consumo durável terminou por reforçar a hegemonia da manufatura paulista no mercado nacional, sendo o principal Estado receptor dos investimentos, dadas as externalidades positivas previamente constituídas no contexto do ciclo cafeeiro.

Com a maturação, nos anos 1970, dos grandes investimentos empreendidos na década de 1960, passou-se a observar um maior crescimento da periferia nacional em relação a São Paulo. Na década de 1970, a taxa de crescimento do país foi de 10,2%, enquanto São Paulo cresceu 8,1%,[14] com a maioria dos Estados apresentando taxas mais elevadas do que este, à exceção do Rio de Janeiro e Pernambuco. Quanto à indústria, São Paulo detinha 58% da produção nacional do setor no ano de 1970, participação que na década seguinte caiu para 53%. Embora tenha crescido a altas taxas em termos absolutos, essa perda relativa do Estado está associada à queda na participação da Região Metropolitana de São Paulo, que respondia por 44% do produto industrial nacional em 1970, reduzindo-se para 33% em 1980.[15]

Cabe notar que houve um movimento de ocupação da indústria no próprio interior do estado de São Paulo durante os anos de 1970, derivado das políticas de descentralização tanto do governo estadual quanto federal, ao viabilizarem um importante conjunto de obras em infraestrutura (com destaque à rodoviária) e de pesquisa, com a capilarização de universidades e centros de pesquisa no interior do Estado.[16] Esses fatores são fortes indutores de aglomerações industriais, especialmente em setores mais intensivos em pesquisa e tecnologia. Merecem destaque os municípios de Campinas, Sorocaba e São José dos Campos, que reúnem universidades, institutos e centros

---

14 CANO, Wilson. *Desequilíbrios regionais e concentração industrial no Brasil – 1930-1970*. São Paulo: Unesp, [1981] 2007.

15 DINIZ, Clélio Campolina. "Desenvolvimento poligonal no Brasil: nem desconcentração, nem contínua polarização". *Nova Economia*, vol. 3, nº 1, 1993.

16 DINIZ, 2002.

de pesquisas importantes a nível nacional, indústrias tecnologicamente sofisticadas e boa integração rodoviária. Como resultado, se em 1970 a RMSP respondia por 75% da produção industrial do Estado, essa participação caiu para 63% em 1980. Ao mesmo tempo em que a RMSP perdia posição relativa frente ao próprio Estado e outras regiões do país, os municípios paulistas, excluída a RMSP, ampliavam sua participação no produto industrial estadual, passando de 25% para 40% entre 1970 e 1990, o que significou um salto de 14% para 20% no produto industrial do país.

Dessa maneira, o processo de desconcentração espacial da indústria no Brasil pode ser dividido em dois períodos, como sugerido por Cano.[17] O primeiro é o da *desconcentração virtuosa*, ocorrida na década de 1970 e marcada por uma perda relativa da participação de São Paulo no produto industrial, tendo as demais regiões do país, com as exceções anteriormente citadas, apresentado maior crescimento em suas participações relativas em virtude do maior adensamento das cadeias produtivas nacionais, que passaram a se integrar regionalmente de maneira vigorosa.

Dessa forma, todas as regiões apresentaram crescimento excepcional em termos absolutos. O segundo movimento é o da *desconcentração espúria*, ocorrido a partir dos anos 1980 e que remete aos constrangimentos oriundos da *crise da dívida*, do esgotamento do modelo de substituição de importações, da reorientação restritiva do papel do Estado enquanto planejador e coordenador dos investimentos e, por fim, da reestruturação produtiva empreendida pelas empresas transnacionais em meio à 3ª Revolução Industrial. Esta última remodelou a divisão internacional do trabalho em termos setoriais e espaciais, tanto ao deslocar parte do emprego industrial para o setor de serviços quanto pela abertura de novas unidades

17 CANO, Wilson. *Desequilíbrios regionais e concentração industrial no Brasil – 1930-1970*. São Paulo: Unesp, [1981] 2007.

produtivas em regiões sem experiência industrial até os anos 1980, notadamente no Leste Europeu e na Ásia.

Soma-se a esse conjunto de fatores a abrupta e acelerada abertura financeira e comercial dos anos 1990, na esteira das recomendações do chamado "Consenso de Washington". O Plano Real teve importante papel nesse processo ao promover, como política debeladora da inflação, uma ampla indexação de preços e a "ancoragem cambial" – induzindo uma forte apreciação da moeda nacional em relação ao dólar norte-americano –, o que, num contexto de política monetária contracionista, liberalização dos fluxos financeiros e maior abertura ao mercado externo, terminou por promover uma concorrência desigual entre os bens manufaturados domésticos e estrangeiros.

Esse movimento contribuiu para debilitar sobremaneira o parque industrial nacional – sobretudo o paulista – em benefício das importações, desconsertando notadamente os setores de bens intermediários e de capital, mas também os de consumo corrente. Desmantelavam-se progressivamente, assim, os elos regionais da indústria. As regiões que minimizavam suas perdas ou mantinham-se estagnadas "ganhavam" posição em termos relativos, num cenário de deterioração generalizada para o setor, resultando em "ilusões estatísticas" acerca das dinâmicas regionais.

O rebaixamento das políticas públicas regionais na agenda do executivo federal, bem exemplificado pela extinção das superintendências de desenvolvimento regional,[18] legou aos entes subnacionais uma corrida fratricida pela integração às cadeias globais de valor e à atração do investimento privado em seus territórios via incentivos

---

18 A Superintendência do Desenvolvimento da Amazônia (Sudam) e a Superintendência do Desenvolvimento do Nordeste (Sudene) foram fechadas no segundo mandato de Fernando Henrique Cardoso, em 2001; a Superintendência do Desenvolvimento do Centro-Oeste (Sudeco) foi extinta no governo der Fernando Collor, em 1990. Em seus lugares, figuraram agências de desenvolvimento com recursos e objetivos desidratados.

fiscais, processo conhecido como "guerra fiscal". Sem dispor de instrumentos adequados para fazer frente a um movimento que tendia à reconcentração espacial da produção nas regiões de maior base econômica e infraestrutura consolidada, fundamentalmente localizadas nos centros urbanos do Sudeste e Sul do país, a "guerra fiscal" induziu (e ainda induz) a distorções de consequências deletérias à saúde fiscal de Estados e municípios. Esse quadro é agravado pela desindustrialização precoce que penaliza, direta e indiretamente, a todos, na medida em que a indústria tem grande peso na arrecadação tributária e expressivos efeitos multiplicadores no emprego e na renda, atributos atenuados ou mesmo anulados tanto pela precipitada política de incentivos dos entes subnacionais quanto pela fragilização estrutural do setor manufatureiro. Esses efeitos adversos rebatem de forma perniciosa nas regiões de menor dinamismo, que tem suas possibilidades de alguma diversificação produtiva e melhoria da renda via indústria abortadas.

Concomitantemente a esse conjunto de elementos, que só poderia corroborar para a atrofia do setor manufatureiro e das dinâmicas regionais nele apoiadas, o modelo de inserção externa adotado desde o final do século passado se orientou pelo reforço às vantagens comparativas em bens primários, em parte consentindo à própria incapacidade de reação da indústria nacional, ampliando assim a vulnerabilidade do país a choques externos, visto as características do mercado global para esses produtos.[19] Dessa maneira, o Brasil se inseriu de forma passiva e subordinada à nova dinâmica mundial dos anos 1990, referida como "globalização".

---

19 CARNEIRO, Ricardo. "Commodities, choques externos e crescimento: reflexões sobre a América Latina". *CEPAL*, Santiago do Chile, jan. 2012.

3 Regiões à deriva: as políticas de desenvolvimento regional no século XXI

Um esforço para reinserir a pauta do desenvolvimento regional nas atenções do executivo federal foi empenhado com a Política Nacional de Desenvolvimento Regional (PNDR), formulada a partir de 2003 e instituída por decreto-lei presidencial em 2007. O próprio intervalo entre formulação e aprovação legal da PNDR sinaliza as dificuldades em se articular um projeto de desenvolvimento regionalmente estruturado num contexto em que os investimentos públicos estratégicos e as condições para a indução do investimento privado foram solapados por políticas econômicas de corte conservador. Soma-se a isso a deterioração das condições técnicas e de planejamento do setor público após décadas de contínua reorientação do papel do Estado que, se durante os anos 1980 e parte dos anos 1990 estava empenhado em conter a sangria das contas públicas e o processo hiperinflacionário, este passou a se pautar de maneira mais intensa, a partir de meados dos anos 1990, pela alienação de ativos e de poder decisório em diversas frentes, supostamente a fim de favorecer uma alocação mais eficiente de recursos liderada pelo setor privado com as privatizações e, ao mesmo tempo, garantir com estas os influxos de dólares para a manutenção da âncora cambial.[20]

Apesar dos avanços em termos de tipologia e de entendimento socioeconômico do território,[21] a PNDR não atingiu os objetivos almejados, passando por uma reformulação que resultou em sua atualização pelo Decreto n. 9.810, de 2019. Ainda que signifique um avanço em termos de intencionalidade da política pública, sua execução é de difícil realização devido ao contingenciamento dos recursos e, de maneira mais ampla, aos entraves macroeconômicos

20 FILGUEIRAS, Luiz. *História do Plano Real.* São Paulo: Boitempo, 2000.

21 MACEDO, Fernando C. de. PORTO, Leonardo R. "Proposta de atualização das tipologias da PNDR: Nota metodológica e mapas de referência". *Texto para Discussão*, nº 2414, Brasília: IPEA, set. 2018.

para o desenvolvimento. A problematização destes entraves transparece nas escolhas temáticas que Wilson Cano recorrentemente fez ao longo das duas décadas deste século, apontando que a superação dos problemas de dimensão regional está visceralmente subordinada à superação dos obstáculos ao desenvolvimento, das transformações nas estruturas produtivas e das escolhas políticas referidas no longo prazo. Seu último artigo publicado em vida, "Brasil – Construção e desconstrução do desenvolvimento",[22] versa sobre as dificuldades impostas pela longa crise iniciada nos anos 1980, demonstrando seu profundo desgosto com as armadilhas que a condição de país periférico ora faz crer conjunturais, mas que no fundo remetem à interdição dos caminhos para a construção de um projeto de desenvolvimento nacional, entendido enquanto crescimento econômico com justiça social.

Articulando uma leitura do contexto econômico nacional e sua integração externa com as dinâmicas territoriais do país, Brandão[23] sugeriu uma caracterização dos investimentos por região e construiu uma tipologia que as qualifica em cinco, sendo as predominantemente impactadas e (re)definidas: *i)* pela demanda global de *commodities; ii)* pelos investimentos realizados ou orientados pelo Estado nas infraestruturas econômicas; *iii)* pela força inercial dos fatores de aglomeração e urbanização e as externalidades positivas daí resultantes; *iv)* investimentos pontuais restritos à atividade de interesse, que tendem a formar enclaves ou polos de baixíssimos encadeamentos no entorno; e *v)* melhora no nível de renda por conta de políticas sociais distributivas, alargando os mercados locais.

Essa leitura aponta para impactos regionais diferenciados resultantes de políticas regionais implícitas e explícitas. As políticas compensatórias e de valorização do salário-mínimo ativaram

22 CANO, Wilson. "Brasil – Construção e desconstrução do desenvolvimento". *Economia e Sociedade*, Campinas, vol. 26, nº 2, ago. 2017.

23 BRANDÃO, 2019.

efeitos econômicos regionais importantes, sendo uma externalidade positiva destas, e não um objetivo específico da política de corte territorial. Por isso são políticas regionais "implícitas". Já a decisão microeconômica pelo investimento em determinada região pode ser franqueada por dispositivos tradicionais ("explícitos") de atração de capitais, como isenções tributárias e subsídios creditícios, à exemplo do praticado tradicionalmente pelas superintendências e bancos de desenvolvimento regionais, mas não necessariamente são resultantes desses estímulos. Portanto, a definição do "implícito" e "explícito" não é clara em todas as circunstâncias, mas é razoável supor que os investimentos relevantes no território sejam captados, ou de alguma forma caracterizados, por ao menos uma das classificações propostas por essa tipologia.

É o caso da expansão da fronteira agropecuária brasileira nas regiões Centro-Oeste, Norte e Nordeste do país, que responde aos estímulos externos da demanda por *commodities*. Tendo em vista a volatilidade característica desse mercado e a vulnerabilidade na qual as regiões produtoras se veem quando especializadas nestas atividades, a elaboração de políticas que apontem alternativas de produção e integração econômica com o restante do território parecem relevantes.[24] Ademais, a força da representatividade dos interesses ligados ao setor primário-exportador centraliza boa parte das intervenções do poder público no território na forma das infraestruturas econômicas, principalmente as relativas à logística, que procuram integrar as zonas de produção às regiões litorâneas para a exportação, reduzindo-se assim os custos do setor. Dessa maneira, há pelo menos a forte integração entre três tipologias apontadas por Brandão: os investimentos ligados às *commodities* tendem a criar certos investimentos com característica de enclave

---

24 SEVERIAN, Danilo. "Regiões especializadas em *commodities*: apontamentos sobre a estrutura fiscal e produtiva em contexto de regressão estrutural da economia brasileira". *Boletim Regional, Urbano e Ambiental*, nº 21, Brasília: IPEA, jan-jun 2021.

no território, ao mesmo tempo que aciona os investimentos públicos no sentido de suportar as atividades ligadas ao impulso externo. Por óbvio, as intervenções no território nesses casos não derivam do planejamento regional enquanto política de integração nacional e elevação da renda, ainda que estas invariavelmente acessem o fundo público para realizarem-se, mas sim de demandas de um segmento privado que acaba definindo o ordenamento territorial segundo seus interesses particulares. Portanto, não se trata de uma mitigação dos "desequilíbrios regionais" históricos ou de uma intervenção lastreada num projeto de desenvolvimento nacional, mas sim da viabilização e ampliação do excedente acumulado por um setor de ascendente – e talvez dominante – importância na fluência política e econômica do país.

Todavia não se pode desconsiderar os impactos positivos que a infraestrutura logística possibilita às regiões por ela conectada, mesmo que sua fundamentação seja voltada a interesses específicos, dado que estas permitem a integração inter e intrarregional e a viabilização de negócios em sua extensão. Contudo, é importante destacar que o vigor dessas externalidades na escala regional é amplamente dependente das condições gerais do crescimento econômico e do padrão de distribuição da renda, e não só das dinâmicas do mercado externo que animam as atividades ligadas ao setor primário. Em suma, os estímulos do ambiente econômico como um todo são responsáveis pelo maior ou menor sucesso das políticas regionais "implícitas" ou "explícitas".

Se a tipologia sugerida por Brandão permite qualificar certas intervenções e transformações no território, ela não parece suficientemente calibrada para apontar áreas preferenciais de atuação da política regional, uma vez que não oferece uma compreensão das singularidades do território, deixando descobertas aquelas regiões que não são alvo da expansão agropecuária, nem das políticas regionais explícitas e nem polos atrativos à localização empresarial por conta de uma eventual expansão da renda derivada dos programas de transferência. Por sua vez,[25] sugeriram uma tipologia que considera indicadores demográficos, de produção e renda para a qualificação de regiões, em escala microrregional, elegíveis à atuação da política pública dentro do escopo da PNDR. Através da combinação de variáveis selecionadas e previstas pela própria política, os autores chegaram a quatro classificações territoriais possíveis: *i)* sub-regiões de alta renda, que congrega o quartil de microrregiões com maior rendimento por habitante do país; *ii)* sub-regiões de baixa renda, que agrupa o quartil inferior das microrregiões, com menor renda nominal por habitante e menor crescimento *per capita* do PIB; *iii)* sub-regiões dinâmicas, obtidas pelo cruzamento das informações do rendimento médio com o PIB *per capita;* agregando microrregiões com maiores taxas de crescimento do PIB *per capita*, mas que não figuram no grupo de alta renda; *iv)* sub-regiões estagnadas, sendo aquelas que apresentam valores intermediários de rendimento médio por habitante, mas com taxas médias ou baixas de crescimento do PIB *per capita*.

Por fim vale destacar que a recente profusão de políticas públicas com "explícita" orientação regional tem apresentado baixa efetividade, sendo ora redundantes, se sobrepondo umas às outras, carecendo de foco e objetivos realistas alcançáveis no horizonte programado, todas sofrendo conjuntamente com a escassez de recursos e visão de conjunto, conformando uma estratégia de desenvolvimento nacional assentada em bases regionais.[26] Posto de outra forma, a falta

---

25 MACEDO, Fernando C. de; PORTO, Leonardo R. "Proposta de atualização das tipologias da PNDR: Nota metodológica e mapas de referência". *Texto para Discussão*, nº 2414, Brasília: IPEA, set. 2018.

26 Atualmente o Ministério do Desenvolvimento Regional (MDR) administra onze políticas nacionais voltadas ao tema: Além da Política Nacional de Desenvolvimento Regional, há a Política Nacional de Desenvolvimento Urbano, Política Nacional de Proteção e Defesa Civil, Política Nacional de Recursos Hídricos, Política Nacional de Segurança Hídrica, Política Nacional de Irrigação (compartilhada com o Ministério da Agricultura, Pecuária e Abastecimento), Política Nacional de Habitação, Política Nacional de Saneamento, Política Nacional

de coordenação na elaboração e execução das políticas que elencam as várias dimensões do desenvolvimento, e não apenas as de viés territorial, terminam fragilizadas pelo desprestígio ao planejamento estatal, frustrando os primados indicadores de eficácia, eficiência e efetividade do setor público.

Descasada dos instrumentos de coordenação com uma clara orientação ao desenvolvimento nacional, as políticas de corte regional tendem a se reduzir a ações circunstanciais e frágeis de "inclusão produtiva", tão ao gosto de certas organizações da sociedade civil, de atuação tipicamente atomizadas, que buscam preencher lacunas sociais desassistidas pelo Estado. Esse perfil de intervenção desnatura o sentido de abrangência, perenidade e transformação das estruturas regionais, algo esperado nas políticas públicas com esse viés. Ou seja, as políticas regionais muitas vezes podem estar fadadas a se limitarem à remediação ou atendimento pontual das carências materiais espacialmente delimitadas por meio da promoção do trabalho digno, que abrange a família ou a comunidade, mas que replicam estruturas autárquicas ou semiautárquicas de provimento material da vida, como no caso da criação e agricultura de subsistência.

4 O desmonte do desenvolvimento: descaminhos do neoliberalismo e o ponto em que estamos

A crise no setor industrial brasileiro é estrutural e persiste há anos. Vários fatores estruturais têm impactado negativamente a indústria brasileira, que vive os efeitos da desindustrialização precoce. Como destaca Wilson Cano em várias das suas obras, a desindustrialização brasileira decorre de quatro principais fatores:

---

de Mobilidade Urbana, Política de subsídio à habitação popular, saneamento e mobilidade urbana, e Política Nacional de Ordenamento Territorial.

> 1) A política cambial vigente a partir do Plano Real (1994). Longos períodos de valorização da moeda brasileira, se por um lado serviu de "âncora dos preços", por outro, prejudicou a competitividade da produção e da exportação dos produtos industriais brasileiros; 2) A abertura comercial desde 1989, ainda no governo Sarney, quando se iniciou um processo de desmonte da proteção existente para a indústria brasileira, que foi ampliada no governo Collor, em 1990 e intensificada no governo de Fernando Henrique Cardoso, a partir de 1994, a qual prevalece até os dias de hoje; 3) as taxas de juros reais elevadas, que tanto leva ao "rentismo" dos agentes como inviabiliza o crédito e o financiamento para a produção; 4) o investimento direto estrangeiro. Embora tenha sido relevante os influxos desses capitais ao longo das últimas décadas, eles pouco contribuíram efetivamente para elevação da Formação Bruta de Capital Fixo, uma vez que concentrados em fusões e aquisições de empresas já existente e de baixa inserção no mercado internacional; 5) o quadro internacional mais complexo com o acirramento da competitividade entre EUA, Europa e China, tornando ainda mais difícil o desafio brasileiro.[27]

Da mesma forma, essas condições macroeconômicas desfavoráveis e a ausência ou insuficiência de políticas de competitividade (industrial, comercial e de inovação) tampouco tiveram ações sistemáticas, exceto algumas tentativas nos governos Lula e Dilma, para tentar reverter esse quadro.

Desde o início dos anos 1990, as alíquotas médias de importação caíram de mais de 40%, no final dos anos oitenta do século passado, para cerca de 11 a 12% vigentes atualmente, com algumas alternâncias. A questão, no entanto, é que os fatores de competitividade sistêmica, todos aqueles que independem das empresas em

---

27 CANO, Wilson. "A desindustrialização no Brasil". *Economia e Sociedade*, Campinas, vol. 21, nº especial, dez. 2012.

si, ou dos trabalhadores, mas que afetam a competitividade, não avançaram na mesma velocidade da abertura havida.

O resultado foi o avanço das importações, especialmente advindas da China, substituindo a produção local. As exportações de bens industrializados também foram prejudicadas pelos mesmos fatores mencionados e perderam espaço, ou estagnaram em um mercado internacional hipercompetitivo. A balança comercial brasileira tem sido superavitária ao longo das últimas duas décadas, influenciada pelo excelente desempenho dos complexos agropecuário-minerais, como grãos, petróleo bruto e carnes. Mas a questão aqui não é "ou", mas, "e". O Brasil é um dos poucos países que poderia manter ampla pauta de produção e exportação nos setores em que já mantem posição de destaque sem, no entanto, que isso viesse a ocorrer em detrimento da indústria e serviços sofisticados.

Os industriais brasileiros, aqueles que não atuaram em setores diretamente ligados a *commodities*, ou de setores oligopolizados, acabaram sucumbindo, até mesmo por sobrevivência, ou senso de oportunidade, para a importação e o rentismo. Mais recentemente, depois da crise de 2015-2016 e nos anos seguintes, a crise brasileira tem impactado significativamente a indústria brasileira.

O discurso neoliberal de que a indústria não investe em modernização e inovação cai no erro de não identificar a raiz do problema, que não se restringe à ação microeconômica das empresas, mas a um ambiente sistêmico desfavorável. O investimento, de forma geral, responde à rentabilidade esperada, que no caso é prejudicada pelas condições adversas do ambiente econômico. Infelizmente, a combinação de fatores adversos nos levou a uma desindustrialização precoce, levando à perda na capacidade de geração de valor agregado, de empregos de qualidade e de tecnologia atualizada.

Um programa concreto de desenvolvimento passa necessariamente pela construção de condições macroeconômicas que favoreçam a reindustrialização, algo que não está presente nas escolhas das políticas econômicas vigentes no país. Partindo-se do ajuste das condições sistêmicas, seria possível rever a estrutura das alíquotas, porém, sem generalizações. Seria preciso começar a intensificação com a desoneração dos insumos de forma a dotar a indústria de transformação de maior poder, ao contrário de estimular a concorrência via rebaixamento das tarifas de importação dos produtos finais. Não se trata de "reinventar a roda", mas de adotar práticas internacionais bem-sucedidas. Isso pressuporia, contudo, uma autonomia inexistente na correlação de forças dominantes na definição das políticas econômicas.

A pandemia de Coronavírus (Covid-19), além de imenso flagelo humano e social para o mundo, também traz consequências gravíssimas para a economia global ao provocar uma recessão. O impacto para a atividade econômica no Brasil implicou uma contração superior a 4% do PIB em 2020. No entanto, alguns aspectos devem ser considerados: o primeiro é que bem antes da situação recente a economia brasileira já vinha apresentando um quadro continuado de estagnação. No acumulado 2017-2019, o PIB *per capita* não cresceu mais do que apenas 0,3% ao ano, depois da queda de 6% acumulada em 2015-2016. Os investimentos, medidos pela Formação Bruta de Capital Fixo estavam em 2020 em um nível cerca de 25% inferior a 2014.

O aumento da nossa dependência de produção e exportação de *commodities*, ou de produtos de baixa complexidade e valor agregado, nos afeta de forma expressiva na atual crise. Além disso, também nos tornamos dependentes de partes e componentes produzidos em regiões da China que tem sido fortemente afetadas, prejudicando a produção brasileira. O aumento da incerteza exacerba a volatilidade dos mercados, com impactos nos juros, câmbio e bolsas. Esses efeitos combinados têm provocado postergação, ou mesmo cancelamento de novos projetos, investimentos e contratações, aprofundando a contração da atividade.

Diante desse quadro, a adoção de um conjunto de políticas e medidas anticíclicas por parte do Estado se mostram imprescindíveis.

Para o Brasil, especialmente, dada a nossa extrema desigualdade regional e de renda, além da elevada vulnerabilidade de milhões de brasileiros, essas medidas se tornaram ainda mais cruciais. Mas, ressalte-se, a questão fundamental, como destaca Cano, está na ausência de um projeto nacional de desenvolvimento, sem o qual o Brasil se mantém refém das medidas paliativas ao sabor da conjuntura, sem alterar o seu quadro grave de desindustrialização e todas as consequências no que se refere à vulnerabilidade externa, precarização do emprego e da renda e ausência de condições autônomas de superação da crise.

Considerações finais

O percurso realizado de revisitar aspectos relevantes da obra de Wilson Cano joga luz para o debate dos grandes desafios atuais da retomada do desenvolvimento brasileiro. A análise dos descaminhos percorridos pela economia brasileira também nos revela a importância e a necessidade de mudanças. A orientação do desenvolvimento econômico assentado na integração regional é urgente para dar cabo às profundas desigualdades socioeconômicas do país.

Apesar de certa variedade no número de políticas públicas voltadas ao território, a efetividade destas está combalida pela falta de coordenação e integração das ações, reflexo da carência de uma estratégia de desenvolvimento do país que articule as regiões no sentido do crescimento, com preservação ambiental e justiça distributiva. Para isso, o refortalecimento da manufatura, com associação aos serviços digitais sofisticados, é fundamental.

É possível reverter a desindustrialização em curso no Brasil e promover uma reindustrialização. No entanto, isso não será fácil, tão pouco algo automático, ou natural. Terá que ser um processo induzido, mediante a criação de um ambiente macroeconômico mais favorável à produção, a adoção de políticas de competitividade (ou seja, políticas industrial, comercial e de inovação), além do fomento à inovação e cultura empresarial com o intercâmbio universidade--institutos de pesquisa-empresas.

É importante ressaltar que a tarefa de se reindustrializar não ocorrerá apenas com a ação do mercado. Também, e fundamentalmente, esta depende de um projeto bem articulado, com participação e coordenação do Estado. O Brasil, para isso, conta com algumas vantagens: detém economias de escala e de escopo; possui um mercado consumidor dos maiores do mundo, o que pode viabilizar muitas atividades internamente. Da mesma forma, apesar da desindustrialização precoce em curso, ainda detém o maior parque industrial da América Latina.

Mas, se nosso país é detentor de tamanha potencialidade, por outro lado há aspectos limitadores: a política econômica de cunho liberal; a ausência de um pensamento econômico da produção por parte das entidades representativas da indústria; e o "pensamento único" vigente no (falso) debate econômico que chega ao grande público basicamente por via dos grandes meios de comunicação.

A política econômica em vigor no Brasil, além de limitada, ultrapassada e restrita, causa estragos. Um deles, nessa gestão Bolsonaro/Guedes de visão simplificadora e sob o argumento da "racionalização", promoveu, logo no seu início (2019), a junção de vários antigos ministérios em um único, o da Economia. Os ex-ministérios da Fazenda, do Planejamento, da Indústria e Comércio Exterior, do Emprego e Trabalho, que já havia incorporado a Previdência em 2017, no governo Temer, estão agora integrados numa mesma estrutura. Mas, muito ao contrário do prometido, a junção tirou da agenda todos os aspectos envolvidos na questão da indústria. Não há interlocutores qualificados e empoderados para dialogar com o setor produtivo. Este, envolvido pelo pensamento dominante, também, com raras exceções, não consegue apresentar e defender uma agenda alternativa. Prevalece o desgastado discurso inócuo das tais "reformas", nem sempre transparentes, e a visão equivocada do "ajuste fiscal", do "Estado mínimo" e outras.

A propalada ênfase no "ajuste fiscal", além de reducionista, pretende resgatar a chamada "confiança", o que daria respaldo à retomada do crescimento. Como já anotou com propriedade Paul Krugman, Prêmio Nobel de Economia, seria o mesmo que acreditar nos poderes da "fada da confiança". "Desenvolvimento é ser dono do próprio destino", pontificava o mestre Celso Furtado, inspirador de Wilson Cano. Sem um claro projeto de Nação, permaneceremos reféns do subdesenvolvimento e distantes da Nação que poderíamos ser. Wilson Cano e sua obra nos dá relevantes pistas do que realmente importa na questão do desenvolvimento brasileiro.

Referências bibliográficas

CANO, Wilson (Coord.). *O processo de interiorização da indústria paulista - 1920 a 1980*. (Coleção Economia Paulista). São Paulo: Fundação SEADE, 1988.

CANO, Wilson. "A desconcentração espacial da indústria paulista". *Boletim Regional – Informativo da Política Nacional de Desenvolvimento Regional*, Brasília, nº 1, 2006.

_____. "A desindustrialização no Brasil". *Economia e Sociedade*, Campinas, vol. 21, nº especial, dez. 2012.

_____. "Auge e inflexão da desconcentração econômica regional". *In*: AFFONSO, R. B. A.; SILVA, P. B. (Coord.). *A Federação em Perspectiva*. São Paulo: FUNDAP, 1995.

_____. "Brasil – Construção e desconstrução do desenvolvimento". *Economia e Sociedade*, Campinas, vol. 26, nº 2, ago. 2017.

_____. "Novas determinações sobre as questões regional e urbana após 1980". *Revista Brasileira de Estudos Regionais e Urbanos*, vol. 13, nº 2, nov. 2011.

_____. "Reflexões sobre o papel do capital mercantil na Questão Regional e Urbana do Brasil". *Revista da Sociedade Brasileira de Economia Política*, São Paulo, nº 27, out. 2010.

_____. *Desconcentração produtiva e regional no Brasil*: 1970-2005. São Paulo: Unesp, 2008.

_____. *Desequilíbrios regionais e concentração industrial no Brasil – 1930-1970*. São Paulo: Unesp, [1981] 2007.

_____. *Raízes da Concentração Industrial em São Paulo*. 3ª ed. São Paulo: HUCITEC, [1977] 1991.

CARNEIRO, Ricardo. "Commodities, choques externos e crescimento: reflexões sobre a América Latina". *CEPAL*, Santiago do Chile, jan. 2012.

DINIZ, Clélio Campolina. "A dinâmica regional recente da economia brasileira e suas perspectivas". *Texto para discussão*, nº 375, Rio de Janeiro: IPEA, jun. 1995.

_____. "Desenvolvimento poligonal no Brasil: nem desconcentração, nem contínua polarização". *Nova Economia*, vol. 3, nº 1, 1993.

_____. "Dinâmica Regional da Indústria no Brasil: início de desconcentração, risco de reconcentração". Belo Horizonte: UFMG, 1991. (Tese de Titular).

FILGUEIRAS, Luiz. *História do Plano Real*. São Paulo: Boitempo, 2000.

GTDN. Conselho de Desenvolvimento. Presidência da República. *Uma política de desenvolvimento econômico para o Nordeste*. Rio de Janeiro: Departamento de Imprensa Nacional, 1959.

HIRSCHMAN, Albert O. *Estratégia do desenvolvimento econômico*. Rio de Janeiro: Fundo de Cultura, 1961.

MACEDO, Fernando Cezar de; PORTO, Leonardo Rodrigues. "Proposta de atualização das tipologias da PNDR: nota metodológica e mapas de referência". *Texto para Discussão*, nº 2414, Brasília: IPEA, set. 2018.

MELLO, João Manuel Cardoso de. *O capitalismo tardio*. 8ª ed. São Paulo: Brasiliense, 1991.

MYRDAL, Gunnar. *Teoria econômica e regiões subdesenvolvidas*. Rio de Janeiro: Saga, 1965.

PERROUX, François. *A economia do século* XX. Lisboa: Herder, 1967.

SEVERIAN, Danilo. "Indústria e Território no Brasil: Desenvolvimento Regional e divisão interna do trabalho industrial no Brasil entre 1995 e 2015". São Paulo: Pontífice Universidade Católica, 2019. (Dissertação de Mestrado).

_____. "Regiões especializadas em *commodities*: apontamentos sobre a estrutura fiscal e produtiva em contexto de regressão estrutural da economia brasileira". *Boletim Regional, Urbano e Ambiental*, nº 21, Brasília: IPEA, jan-jun 2021.

TAVARES, Maria da Conceição. "O processo de substituição de importações como modelo de desenvolvimento na América Latina". *In*: BIELSCHOWNSKY, Ricardo. *Cinquenta anos de pensamento na CEPAL*. Rio de Janeiro: Record, 2000.

CAPÍTULO IV

POLÍTICA DESENVOLVIMENTISTA E RETROCESSO ESTRUTURAL: ORIGENS DO ATRASO

REGINA MARIA A. F. GADELHA

UMA PERGUNTA:

Eu não vou repetir o que tem sido escrito sobre a privatização, mas apenas formular uma pergunta.

Vocês sabem que, tempos atrás, quando alguém nos indagava sobre nosso País, era com certo orgulho que dizíamos: o Brasil é rico, tem ouro e diamante, a Amazônia imensa e inexplorada. Tem petróleo, embora os americanos negassem sua existência, e um dia será uma grande nação. O tempo passou, e falam em vender tudo isso. Se tal coisa acontecer e o Brasil ficar pobre, o que responderemos se aquela pergunta nos for feita outra vez?[1]

---

1 NIEMEYER, Oscar. "Uma Pergunta". *Brasil Mais*, vol. 1, jan. 1997, p. 75.

No final dos anos 1990, intelectuais de todo o mundo pareciam despertar para as consequências da devastação implantada pelas políticas neoliberais sobre as relações de produção e trabalho em todo o mundo. No Brasil, a despeito das conquistas sociais consolidadas através da Constituição de 1988, assistiu-se à destruição progressiva dos ideais de uma democracia para todos – *desiderato* ético de nação dos que haviam lutado contra o regime militar de 1964. Entretanto, a incompreensão do significado do processo de globalização mascarava o verdadeiro sentido da nova etapa de financeirização das economias, implantada na era Thatcher/Ronald Reagan, e que acompanhara a ascensão do neoliberalismo em tanto que processo de dominação do capital financeiro em expansão.

A aceleração desse processo ao mesmo tempo em que concentrava a riqueza era geradora de exclusão, ampliava o domínio do capital sobre o valor do trabalho das nações. Alguns dados publicados pelo Banco Mundial (2020) confirmam esses fatos: no início do século XIX 74% da população mundial, ou seja, 944 milhões de pessoas tinham acesso a 56% do produto da riqueza global. Em 1995 somente 20% da população, ou seja, 5,716 milhões de pessoas concentravam 80% do produto mundial bruto (PNB), os 20% de riqueza restante repartida entre 80% da população do planeta. Ou seja, a diferença de ingressos entre ricos e pobres, no início do século XIX, que era 9 x 1, atingia, em 1995, 60 x 1; em 1996 o faturamento do poderoso grupo General Motors atingia US$ 168 bilhões, cifra superior ao PIB reunido de todos os países da América Central, mais Peru, Equador, Paraguai e Uruguai, cujo montante era inferior a US$ 159 bilhões. Apesar desses dados, a desigualdade não diminuiu no século XXI. Relatório da Oxfam Brasil, de 2017, indica a existência de 700 milhões de pessoas no planeta, vivendo com menos de US$ 1,90 por dia. Nesse universo, o Brasil é citado como um dos países com maior desigualdade de renda, com mais de

16 milhões de pessoas vivendo abaixo da linha da pobreza.[2] Dados mais atualizados de 2021 (IBGE) indicam a presença de 23 milhões de pessoas no Brasil, que vivem abaixo da linha mínima da pobreza. No entanto, de acordo com o Relatório da Oxfam, as seis pessoas mais ricas do Brasil possuem riqueza patrimonial equivalente a 100 milhões de brasileiros mais pobres e detém a mesma fatia de renda que 95% da população.[3]

Os dados sobre a concentração da renda no século XXI são, portanto, escandalosos, como demonstra Thomas Piketty em sua tese de doutorado, transformada em *best seller* mundial, ao comprovar que no século XXI passou a ser norma a ultrapassagem das taxas de lucros do capital sobre as taxas de crescimento da produção e da renda: "*o capitalismo produz mecanicamente desigualdades insustentáveis, arbitrárias, remetendo radicalmente em causa os valores meritocráticos sobre os quais se fundam nossas modernas sociedades*", declara.[4]

Esses dados de Piketty aproximam-se do Relatório da Oxfam, que indica que, em 2012, dos 7,6 bilhões de pessoas que formam a população do planeta, 800 milhões não tinham emprego ou forma de renda alguma. A situação ainda é mais grave quando se compara os dados de paridade do poder de compra: de um PIB mundial de € 70.000 trilhões de euros (€ 10.000 euros *per capita*), 25% da riqueza produzida no mundo encontra-se concentrada na Europa (€ 1.800 euros *per capita*) e 29% nas Américas (€ 1.620 euros *per capita*), sendo 20% Canadá e Estados Unidos (€ 3.050 euros *per capita*) e apenas 9% para as zonas do Caribe e América Latina (cerca de € 780 euros *per capita*). A Ásia, afirma Piketty, concentra 42% do

---

2 OXFAM BRASIL. *Nós e as Desigualdades*: percepções sobre desigualdades no Brasil. Brasília: Oxfam Brasil, 2017, p. 12.

3 OXFAM BRASIL. *Nós e as Desigualdades*: percepções sobre desigualdades no Brasil. Brasília: Oxfam Brasil, 2017, p. 5.

4 PIKETTY, Thomas. *O Capital no século XXI*. Trad. Monica B. de Bolle. Rio de Janeiro: Intrínseca, 2014, p. 16.

PIB (renda média de € 520 euros *per capita*, contrastando com o Japão, renda de € 2.250 euros *per capita*). África detém 4% (renda *per capita* de € 200 euros).[5]

Desde os anos noventa, o oligopólio global das grandes corporações se transformou em oligopólio sistêmico, afirma estudo de Ladislau Dowbor, ao demonstrar o resultado dos balanços dos maiores bancos, entre os quais JPMorgan Chase, Bank of America, Citigroup, HSBC, Deutscher Bank, Santander, Goldman Sachs, que somam mais de US$ 50 trilhões de dólares em 2013, sobre um PIB mundial de US$ 73,5 trilhões.[6] Dados do sociólogo peruano Aníbal Quijano, indicam que nos Estados Unidos, primeiro país da economia mundial, o número de pessoas abaixo da linha da pobreza saltou de 25 para 35 milhões de pessoas apenas na primeira década do século XXI. Na América Latina a distância dos 20% mais ricos em relação aos pobres é de 16 x 1. No mundo, as três pessoas mais ricas do planeta têm fortuna superior ao PIB dos 48 países mais pobres.[7]

Quijano não se detém apenas nesses dados e demonstra que, a partir da crise de 1974, todos os países da América Latina passaram a sofrer verdadeira (re)colonização externa sobre o controle dos seus recursos de produção, em conjunto com o controle de seu capital, quase sem esboçarem reação. Sem embargo, uma retrospectiva da economia brasileira no último quarto do século XX, demonstra não ter nosso país conseguido alcançar as tão almejadas metas de desenvolvimento econômico. Nesse sentido, pensamos ser útil retomar a análise dos conceitos de desenvolvimento e subdesenvolvimento

---

5 PIKETTY, Thomas. *O Capital no século XXI*. Trad. Monica B. de Bolle. Rio de Janeiro: Intrínseca, 2014, pp. 108-110 e ss.

6 DOWBOR, Ladislau. *A era do capital improdutivo. A nova arquitetura do poder*: dominação financeira, sequestro da democracia e destruição do planeta. São Paulo: Outras Palavras & Autonomia Literária, 2017, p. 78.

7 QUIJANO, Aníbal. “El nuevo imaginario anticapitalista”. *América Latina en Movimiento*, Quito: ALAI, vol. 351, 2002, pp. 14-21.

econômico, propostos por Celso Furtado. Para este grande economista e cientista social, "desenvolvimento econômico" é o resultado de um longo processo de crescimento sustentável, com elevado aumento da produtividade média, sem a qual o excedente econômico não cresce de forma suficiente para acelerar a taxa de investimento e diversificar a estrutura produtiva de emprego e renda, de maneira a transformar de maneira positiva as estruturas sociais e políticas de um país. Daí chamar a atenção para o que denominou de o "mito do desenvolvimento econômico" (1974), pois o país, apesar dos esforços dispendidos para sua industrialização, não conseguira superar os desafios necessários à sustentabilidade de crescimento, modernizando a demanda, sem garantir desenvolvimento econômico. Nesse sentido, "subdesenvolvimento" (Celso Furtado) ou desenvolvimento desigual, dependente e combinado (conceito desenvolvido pelo sociólogo peruano, Aníbal Quijano), revela-se como resultado de um crescimento enganoso da forma como o "capitalismo industrial vem crescendo e se difundindo desde o seu surgimento".[8]

A atualidade da obra de Furtado é apresentada por Carlos Brandão no Prefácio ao livro *Celso Furtado Essencial*.[9] A insistência pela qual Furtado critica os fracassos das metas não atingidas de desenvolvimento social, nos vários planos desenvolvimentistas nacionais, se deve não apenas à estreiteza do mercado interno, desequilíbrio do balanço de pagamentos e pressões inflacionárias, mas também à ausência de intencionalidade na construção de um projeto emancipador, associado a uma visão estritamente voltada apenas ao aumento relativo de produtividade social, sem estabelecimento de

---

8 FURTADO, Celso. *O mito do desenvolvimento econômico*. Rio de Janeiro: Paz e Terra, 1974, p. 96.

9 BRANDÃO, Carlos. "Prefácio". *In*: D'AGUIAR, Rosa Freire. (Coord.). *Celso Furtado Essencial*. Rio de Janeiro: Penguin/Cia. das Letras, 2013.

metas precisas visando legitimar amplamente um projeto racionalizador e indutor de desenvolvimento nacional.[10]

De fato, as análises críticas ao crescimento da economia brasileira nos anos 70 indicam que, apesar da introdução e difusão de novos produtos no conjunto do sistema produtivo nacional, não houve melhoria nas condições gerais da população brasileira, nem acumulação suficiente para a absorção necessária dos benefícios trazidos por estas novas tecnologias. De acordo com a análise de Furtado, o aumento da renda de uma comunidade pode resultar de pelo menos três processos: (1) o desenvolvimento econômico, i. é, uma acumulação de capital e adoção de processos produtivos mais eficientes; (2) uma ampla exploração de recursos naturais, que não são renováveis; (3) a realocação de recursos, visando especialização em um sistema de divisão internacional do trabalho.[11] No Brasil, a "modernização" econômica teria se realizado dentro do segundo e terceiro processos apenas, junto à adoção de novos padrões de consumo correspondentes aos dos países centrais com níveis muito mais elevados de renda. Este processo, no entanto, não foi acompanhado por esforço distributivo, único propiciador de desenvolvimento. Pelo contrário. Se correto o raciocínio de Furtado, verifica-se que duas décadas de projetamento de regime neoliberal autoritário (1964-1985) propiciaram apenas novos padrões de concentração e consumo no país, introduzido de maneira não uniforme e heterogênea, mantendo a margem a maioria da população. Estruturas que se sobreporiam agravando as desigualdades e descompasso entre apropriação tecnológica e condições sociais de atraso, criando, como no mito grego de Sisífo, as condições para o surgimento de uma debilitada burguesia nacional e um operariado reacionário, no sentido conservador não

10 BRANDÃO, Carlos. "Prefácio". *In*: D'AGUIAR, Rosa Freire. (Coord.). *Celso Furtado Essencial*. Rio de Janeiro: Penguin/Cia. das Letras, 2013, pp. 16/17.

11 FURTADO, Celso. *O mito do desenvolvimento econômico*. Rio de Janeiro: Paz e Terra, 1974, p. 97.

reativo, pois aspirando socialmente se alçar como membro das camadas médias urbanas.

Este processo foi reforçado pelo acesso a bens de consumo duráveis (automóvel, casa própria, colônias de férias, plano de saúde etc.) propiciado pelas grandes empresas aos níveis de setores mais qualificados de trabalho (indústria automobilística, eletroeletrônica, petróleo, siderúrgica e departamentos conexos). Ao mesmo tempo assistiu-se significativo aumento do número de tecnocratas e profissionais ligados aos setores terciários da economia, empregados tanto nos serviços públicos como privados.

A crise da dívida externa, que atingiu os países emergentes nos anos 1980, desvelou a face perversa deste processo. Porém, enquanto México e Argentina se desindustrializavam, o Brasil resistiu ao menos até o final dos anos noventa ao sucateamento e desmantelamento de seu aparelho produtivo industrial. Somente no limiar do século XXI, em decorrência da demanda da China por *commodities*, o país reprimarizaria sua produção, processo acelerado pelo extraordinário crescimento dos setores de serviços, ao mesmo tempo em que ocorria maior informalização da indústria de bens de consumo destinada às classes mais pobres. É que se assistia uma inundação sem paralelo de mercadorias industriais de baixo preço e baixa qualidade, advindas da Coreia do Sul, Taiwan e outros países asiáticos, produzidas a custo muito mais baixo do que nos países ocidentais. Desde a primeira década do século XXI, a China passaria a dominar este mercado.[12]

Sem embargo, o combate à crise da dívida externa, acompanhada de elevados índices de inflação pelo Plano Real do governo de Fernando Henrique Cardoso, apressou o processo de reconversão da estrutura produtiva, iniciado no governo de Fernando Collor de

---

12 HABE, James Hiroshi; LIRA, Paulo Vitor Sanches. "Os desafios da política cambial". *In*: GADELHA, Regina Maria A. F. (Coord.). *Mercosul a Unasul*: avanços do processo de integração. São Paulo: EDUC/Fapesp, 2013, pp. 523-542.

Mello, com a privatização da maior parte das empresas nacionais de capital misto e alto valor agregado e aceitação, por parte das burguesias locais, da reprimarização da produção e transferência de valor (no sentido de mais valia social) em benefício das grandes corporações internacionais. Todavia, nos anos noventa, a globalização apenas acelerou o processo, na medida em que os governos latino-americanos perderam controle sobre a política de empréstimos e os enormes fluxos de capitais especulativos que advinham a seus países atraídos por oneroso processo de privatizações e abertura irrestrita, dobrando-se perante os organismos internacionais que definiam as políticas de interesse dos grupos financeiros internacionais.[13] Porém ao agravar o processo de concentração e exclusão, pressionavam-se também os salários e as oportunidades de emprego, trabalho e renda, sem um projeto integrador nacional capaz de alterar o nível das desigualdades regionais, incluindo educação e formação tecnológica, recursos científicos e humanos.

Sem fio condutor e indutor de desenvolvimento em tanto que projeto nacional voltado para uma inserção mais homogênea em relação aos países centrais, chama atenção o ritmo pelo qual se deu o processo de exclusão dos países emergentes que, como o Brasil, apesar de terem completado o perfil de sua industrialização não tiveram condição para o salto qualitativo científico necessário a terceira e quarta revoluções industriais. Furtado demonstrou os esforços de construção nacional interrompidos, em *Brasil: a construção interrompida*,[14] em que clama à resistência contra o desmonte neoliberal – econômico e institucional – iniciado no país. E, de fato, os países que abriram mão de políticas de planejamento econômico-social

13 GADELHA, Regina Maria A. F. "Impactos da globalização nos projetos das elites nacionais". *Cultura Vozes*. Niterói: Vozes, vol. 92, nº 1, 1998, pp. 96-98.

14 FURTADO, Celso. *Brasil*: a construção interrompida. Rio de Janeiro: Paz e Terra, 1992.

e industrial não mais poderiam realizar o salto para o controle e domínio de novas tecnologias (robótica, microchips e outras).[15]

Muitos foram os economistas que se debruçaram sobre esta questão desde o final dos anos 1970. Entre eles Antônio Barros de Castro e, apesar do título da obra, *A economia brasileira em marcha forçada*,[16] trata-se de estudo otimista. O autor demonstrou que apesar da "*marcha forçada*" da economia, em decorrência das crises de 1974 e 1980-1983, a indústria brasileira, conduzida pelo Estado nacional, revela então ser uma "estrutura integrada, crescentemente competitiva, e que começara a dar mostras de criatividade tecnológica".[17]

Importante Relatório final da CPMI do Congresso Nacional sobre as Causas e Dimensões do Atraso Tecnológico, presidida pelo Senador Mário Covas (PSDB-SP), sendo Relatora a Deputada Federal Irma Passoni (PT-SP), em 1992, analisa o atraso do modelo de desenvolvimento brasileiro, caracterizado pela dependência, assentado em três elementos fundamentais: (a) a industrialização, a cargo de empresas nacionais e estrangeiras, ambas dependentes de tecnologia desenvolvida no exterior. No caso das multinacionais, as subsidiárias no Brasil utilizavam tecnologia já provada e paga nos países de origem, o que lhes dava enorme vantagem sobre as empresas nacionais, obrigadas a pagar pela tecnologia (máquinas e equipamentos importados); (b) proteção comercial às indústrias aqui instaladas, quase que totalmente ao abrigo da concorrência internacional. Porém, embora o modelo fosse comercialmente fechado, era aberto do ponto de vista dos investimentos estrangeiros, livres

---

15 REICH, 1998; PETRELLA, Riccardo. Dir. Grupo de Lisboa. *Los Limites de la Competitividad*. Buenos Aires: Universidad Nacional de Quilmes/ Sudamericana, 1996.

16 BARROS DE CASTRO, Antônio. *A economia brasileira em marcha forçada*. 2ª ed. Rio de Janeiro: Vozes, 1985.

17 BARROS DE CASTRO, Antônio. *A economia brasileira em marcha forçada*. 2ª ed. Rio de Janeiro: Vozes, 1985, pp. 8/9.

para entrar e, ainda, enormemente subsidiados pelo Estado brasileiro (favorecimento de câmbio, importação de equipamentos, isenções fiscais e, mais tarde, subsídios à exportação etc.); (c) este modelo acarretara a atribuição dos maiores ônus à nação como um todo, uma vez que o grosso dos investimentos para viabilizar as empresas privadas era desembolsado pelo Estado brasileiro, seja diretamente, seja por meio das empresas estatais.[18]

A tônica do modelo era as empresas estatais e de economia mista atuarem como prestadoras de insumos subsidiados em favor das grandes empresas privadas. A compreensão desse modelo exige, portanto, atentar para cada um dos quatro atores: empresas transnacionais, empresas nacionais, empresas estatais e o Estado, e o que cada um desses setores poderia contribuir para o desenvolvimento tecnológico do país. De acordo com o relatório,[19] caberia ao Estado os pesados investimentos em infraestrutura (energia, estradas rodoviárias etc.); às empresas estatais o fornecimento de insumos básicos, gerencialmente obrigadas a suportarem os ônus de fornecimento de produtos a preços administrados, atuando como complementadoras da produção privada em setores onde estas não puderam ou quiseram entrar, por se tratar de setores que, embora essenciais, eram considerados menos rentáveis. As transacionais, por sua vez, apenas visavam obter ganhos no "mercado", com investimentos estratégicos atrelados aos objetivos de suas matrizes, atraídas pelos subsídios e vantagens que lhes eram oferecidas pelo Estado brasileiro. Dessa maneira, a escolha de tecnologia utilizada era a que já dominavam no exterior: "Não têm essas empresas, pois, interesse, nem em criar tecnologia, nem em adquiri-la no Brasil, (...), ainda que haja aqui oferta".[20]

---

18 CPMI, 1992, p. 132.

19 CPMI, 1992, p. 133.

20 CPMI, 1992, p. 133.

Desse modo as empresas nacionais ficaram em grande parte excluídas dos mercados industriais mais intensivos de tecnologia, não só porque os fatores de localização da produção tecnológica eram favoráveis aos países desenvolvidos, como premidas pela competição com transnacionais. O que explica que muitas empresas locais tenham preferido comprar equipamentos no exterior, com tecnologia embutida, a fazerem pesados investimentos em desenvolvimento de processos ou novos produtos. A maioria, inclusive, era dissuadida pela presença de proteção patentária.

> Em resumo, o setor privado no Brasil não foi, nem é, motor de crescimento tecnológico: nas empresas multinacionais, porque é contra a lógica de sua gestão: nas empresas nacionais, porque, em geral, lhes faltaram condições, a não ser que contassem com forte apoio e subsídios do Estado, como se fez para ampliar o setor de bens de capital entre 1974 e 1978.[21]

Como assinala Maria da Conceição Tavares, nessas circunstâncias, o principal estímulo teria de vir do Estado. E, de fato, o Estado nacional brasileiro foi a base do tripé (Estado, indústrias nacionais e transacionais), tornado o grande indutor do crescimento tecnológico ao longo de todo o período, atuando não apenas como forte indutor e demandante de tecnologia, como ocorreu com a Petrobrás, no desenvolvimento da petroquímica, com a Telebrás e outras grandes estatais.[22]

Levantamento da competitividade industrial brasileira no início dos anos 1990 revelava manter o Brasil a terceira colocação em reservas mundiais de bauxita, o que garantia ao país sólida posição no mercado internacional de alumínio. Também na siderurgia, o país detinha 30% do comércio mundial de semiacabados, além de

---

21 CPMI, 1992, p. 134.

22 TAVARES. "Prefácio". *In*: LESSA, 1974.

ampla demanda de seu mercado interno.[23] O Brasil destacava-se ainda em setores competitivos como petróleo (primeiro líder mundial em tecnologia de águas profundas), siderurgia (Cosipa e Acesita), etanol (Programa Proálcool). Portanto, apesar da crise apresentar de maneira clara as consequências do lado real social negativo, conhecida por "síndrome de belíndia",[24] com grave desemprego e ressurgimento visível da miséria, a conclusão a que chega também Barros de Castro é que, na segunda metade da década de oitenta, sob o impacto dinâmico do saldo comercial, o país apresentava as condições necessárias para um retorno seguro ao crescimento real da economia. Ainda se mostra otimista de que, com a redemocratização, se abria "um amplo campo de possibilidades".[25] Quanto ao parque industrial, escreve,

> (...) o parque industrial brasileiro [é] uma negação ao vivo de muitas teses [ortodoxas e heterodoxas] e, particularmente, do receituário neoliberal", pois a indústria "além de apresentar sinais ostensivos de competitividade internacional, teve as suas deficiências estruturais literalmente superadas.[26]

É fato conhecido que o processo de industrialização ao atingir maturidade e se tornar a indústria de transformação mais complexa, na qual os bens de capital perfazem entre 30 e 40% do produto, a taxa de crescimento medido pelo PIB passa a se reduzir, apesar da

---

23 COUTINHO, Luciano; FERRAZ, João Carlos. (Coord.). *Estudo da competitividade da indústria brasileira.* 2ª ed. Campinas: Unicamp, 1994, p. 262.

24 Para os que desconhecem a origem da palavra "*belíndia*", o termo refere-se à união das siglas Bélgica e Índia, indicadoras de modernidade e atraso, termo forjado pelos economistas críticos e incorporado nas mídias da época.

25 BARROS DE CASTRO, Antônio. *A economia brasileira em marcha forçada.* 2ª ed. Rio de Janeiro: Vozes, 1985, p. 80.

26 BARROS DE CASTRO, Antônio. *A economia brasileira em marcha forçada.* 2ª ed. Rio de Janeiro: Vozes, 1985, p. 81.

maior diversificação da estrutura produtiva. Conforme demonstrado pelos resultados da CPMI sobre as Causas e Dimensões do atraso tecnológico da indústria brasileira, apesar das mudanças do cenário internacional, no início dos anos noventa o país apresentava genuínos esforços dos sistemas nacionais e não só dos sistemas produtivos, como também na infraestrutura educacional, científica e tecnológica. A segunda via de expansão, no entanto, era a importação das tecnologias ou sua incorporação através de empresas estrangeiras, "apesar desta via se apresentar de maneira muito restrita e limitada em termos de efeitos positivos".[27] Muitas empresas nacionais passavam por processo de reestruturação e procuravam fortalecer-se por meio de atividade inovativa, o que exigia "pesquisa, laços duradouros com o sistema científico e tecnológico, aprimoramento da qualidade dos produtos, qualificação e treinamento dos trabalhadores e aperfeiçoamento dos processos de trabalho e produção".[28] Dentre as mais importantes do país destaca-se o papel da Cia. Vale do Rio Doce, única multinacional do país (6ª empresa mundial, líder da extração mineral à produção de insumos de uso geral), privatizada em 1997, ao lado da Telebrás – telecomunicações. Além disso, o país contava com a competitividade do complexo aeroespacial.[29] Então, como explicar os efeitos da "década perdida"? De acordo com o Relatório,

---

27 CPMI, 1992, p. 168.

28 CPMI, 1992.

29 A tecnologia de enriquecimento do urânio, pelo processo da ultracentrifugação, foi desenvolvida no Brasil pelo Centro Tecnológico da Marinha de São Paulo (CTMSP) em parceria com o Instituto de Pesquisas Energéticas e Nucleares (IPEN/CNEN), na década de oitenta, atingindo seu objetivo no final do governo José Sarney. No entanto, o projeto foi detido pelo governo Collor de Mello, inclusive com desmantelamento da equipe que trabalhava no programa aeroespacial brasileiro do INPE-SP (diretor Marco Antônio Raupp), não se concretizando o lançamento do satélite brasileiro. Sobre o processo de privatização da Cia. Vale do Rio Doce e motivos contrários à sua privatização, vide vários autores em: "A VALE vender ou não". *Brasil Mais*. Rio de Janeiro: Europa, nº 1, jan. 1997, p. 133.

> Ressalvados alguns êxitos, mercê de excepcional competência, o que a CPMI observou com mais frequência foram situações de atraso. As causas disso residem no modelo econômico implantado desde os anos 50 e nas políticas econômicas que o formaram. Essas se caracterizam por poderosos instrumentos favorecedores de concentração, redundando no controle oligopolístico dos principais mercados, além de oferecer condições de fácil predomínio a empresas transnacionais cujos centros tecnológicos se situam nos países mais avançados. Esse padrão obrigou também a maior parte das empresas locais a adquirirem pacotes fechados, o que fez pagar por tecnologia, sem qualquer possibilidade de assimilá-la. A distância entre o setor produtivo e os centros e institutos de pesquisa decorreu das coerções do próprio mercado, condicionadas pelas políticas econômicas, daí derivando, também, o imediatismo que se atribui aos empresários.[30]

As conclusões falam por si só. Os dados apresentados demonstram que os desestímulos apresentados pela economia no início dos anos 1990, ocorreram mais em virtude de fatores políticos do que econômicos e, sobretudo em 1992, pelo verdadeiro "saque" perpetrado no curto período do governo Collor.[31]

No entanto, este quadro difícil agravava-se pela presença de outras características, dentre as quais a herança da forma como se processou o desenvolvimento anterior, mantendo e aprofundando as persistentes desigualdades regionais e de grupos sociais – fato patente nos indicadores de condição social, consumo alimentar e situação educacional à saúde e moradia.

> Até a entrada dos anos 80, foi possível manter aquelas desigualdades e os seus efeitos de forma relativamente atenuada, encoberta pelo crescimento econômico, que permitia camuflar

---

30 Ibid., Ibid., p. 169.

31 sic. Ibid. Ibid.

> tanto o atraso como a exclusão e as diferenças sociais. No momento em que a crise econômica eclodiu e ao mesmo tempo se intensificaram as transformações no cenário internacional, o atraso brasileiro tornou-se patente.[32]

Nesse contexto, o governo Collor de Mello marca o início da adesão do Estado brasileiro ao neoliberalismo propugnado pelo "Consenso de Washington". De fato, a década de 1990 ficará marcada por políticas neoliberais de combate à inflação, problema maior a ser saneado e que teve seu marco nas privatizações, verdadeira âncora do Plano Real.[33]

No entanto, ainda em 1994, na segunda edição da coletânea de artigos de prestigiosos autores, economistas, sociólogos e jornalistas nacionalistas como Barbosa Lima Sobrinho, Maria da Conceição Tavares e outros, intitulada *Em defesa do interesse nacional: desinformação e alienação do patrimônio público*,[34] o ex-ministro Fernando Henrique Cardoso defendia-se das críticas recebidas de setores do PT e PDT, bem como de intelectuais como José Luís Fiori:

> diz-se que, depois de eu ter repudiado tudo o que escrevi, não seria de estranhar que, desde 1991, quanto teria forçado o apoio ao governo Collor – só evitado porque Covas se opôs – estive agora materializando o "Consenso de Washington".[35]

---

32 Idem. Ibidem, p. 168.

33 FILGUEIRAS, 2000.

34 LIMA SOBRINHO, Barbosa *et al. Em defesa do interesse nacional*: desinformação e alienação do patrimônio *público*. 3ª ed. Rio de Janeiro: Paz e Terra, 1995.

35 CARDOSO, Fernando Henrique. "Reforma e imaginação". *In*: LIMA SOBRINHO, Barbosa *et al. Em defesa do interesse nacional*: desinformação e alienação do patrimônio público. 3ª ed. Rio de Janeiro: Paz e Terra, 1994, pp. 174/175.

No artigo, o então candidato à presidência da República nega que o apoio ao governo Collor tivesse partido dele e de Tasso Jereissati, repudia o "Consenso" e assegura ser contrário às privatizações. Porém reivindica as consignas de modernidade, defendidas pelo seu partido, no sentido da necessidade de se aplicar um "choque de capitalismo" no país, tendo o PSDB de confrontar-se com "a grande questão de nosso tempo: como fazer funcionar a economia do país e como manter a democracia, ampliar a igualdade e assegurar a justiça social".[36] Afirma o candidato FHC: "*É isso que está em questão nas eleições de 3 de outubro*". Critica os adversários:

> Simplificando: o candidato do PMDB [Orestes Quércia] volta aos tempos e soluções dos anos 60 e reafirma que o crescimento econômico alavancado pelo setor estatal, com algum tipo de proteção do mercado interno e um certo intervencionismo estatal, daria a fórmula para nosso futuro. O PT [Luís Inácio Lula da Silva], de modo mais difuso, porque incorpora algumas preocupações internacionalistas e substitui o clientelismo tradicional pelo corporativismo, etc.

E incluía no seu programa algumas das bandeiras que também eram defendidas pelo Partido dos Trabalhadores, desde a busca de solidariedade internacional com Rússia, China e Índia, parte da África etc. até o fortalecimento do mercado interno.

Quando ao PDT [Leonel de Moura Brizola]: "O PDT leva tudo ao exagero. Pretende não só fortalecer as grandes corporações estatais, como se volta, com ira, contra as 'perdas internacionais'".[37] E continua o ataque: "Embora formalmente filiado à Segunda

---

36 CARDOSO, Fernando Henrique. "Reforma e imaginação". *In*: LIMA SOBRINHO, Barbosa *et al. Em defesa do interesse nacional*: desinformação e alienação do patrimônio público. 3ª ed. Rio de Janeiro: Paz e Terra, 1994, p. 174.

37 CARDOSO, Fernando Henrique. "Reforma e imaginação". *In*: LIMA SOBRINHO, Barbosa *et al. Em defesa do interesse nacional*:

Internacional, o PDT trava a luta contra o 'colonialismo' à la *século 19, e sem ter compromisso efetivo e organizado com os movimentos populares...*".[38] Conclui: "Em contraposição a estas propostas, os críticos da proposta do PSDB só veem uma alternativa: o neoliberalismo, capitaneado pelo tal 'Consenso de Washington'".[39]

Quanto à direita, segundo FHC, esses partidos ou teriam desistido de terem candidato e plataformas próprias, ou não assumiam tal postura "deixando-a aos cuidados de ideólogos isolados, como, por exemplo, Roberto Campos". E conclui: "Haja falta de imaginação!"

Sem embargo, sua resposta às críticas de José Luís Fiori seria não menos refinada. Sem abandonar a mordacidade, declara: "Pensam-se na vanguarda, mas consubstanciam-se o atraso: suas referências valorativas estão circunscritas no horizonte do passado e não têm como dar curso prático às ideias – por generosas que sejam – que para eles representam o 'progresso'".[40] Ao se defender perante Fiori, nesse momento de sua candidatura, renega não apenas adesão ao FMI como reafirma ser sua proposta "reformar o Estado", mas sem atender "automaticamente" às propostas internacionais, nem se refugiar "no protecionismo de um 'estatismo envergonhado'", ou muito menos se curvar ou manter em seu governo o "estilo

desinformação e alienação do patrimônio público. 3ª ed. Rio de Janeiro: Paz e Terra, 1994, p. 174.

38 CARDOSO, Fernando Henrique. "Reforma e imaginação". *In*: BARBOSA LIMA SOBRINHO *et al. Em defesa do interesse nacional*: desinformação e alienação do patrimônio público. 3ª ed. Rio de Janeiro: Paz e Terra, 1994, pp. 174/175.

39 CARDOSO, Fernando Henrique. "Reforma e imaginação". *In*: LIMA SOBRINHO, Barbosa *et al. Em defesa do interesse nacional*: desinformação e alienação do patrimônio público. 3ª ed. Rio de Janeiro: Paz e Terra, 1994, p. 175.

40 CARDOSO, Fernando Henrique. "Reforma e imaginação". *In*: LIMA SOBRINHO, Barbosa *et al. Em defesa do interesse nacional*: desinformação e alienação do patrimônio público. 3ª ed. Rio de Janeiro: Paz e Terra, 1994, p. 176.

clientelístico-ideológico do passado, nem assumir a feição corporativo-imobilista".[41] "Se os críticos, ao invés de distorcerem o que eu penso e proponho, percebessem que eu desejo reconstruir o Estado para permitir que se dê guerra ao 'apartheid social', chegariam a outras conclusões".[42] Desta forma, ao refutar de maneira peremptória os críticos "de esquerda" e propor "um salto qualitativo no padrão estrutural" do país, firma um suposto compromisso de alinhamento prévio, nunca cumprido, de confiabilidade em sua trajetória de intelectual cassado e de esquerda.

Penso na necessidade de se voltar a este texto, porque aparentemente contraditório em seu recuo às práticas nocivas de políticas de governos neoliberais, representa um marco na transição ao retorno à colonialidade de poder, característica dos interesses de frações de classe das elites nacionais no poder. E ninguém mais do que Fernando Henrique Cardoso seria capaz de reconhecer a fragilidade da democracia brasileira, agravada ao longo de seu governo com a aprovação da Emenda Constitucional n. 16, de 04/6/1997, que reintroduziu o voto clientelístico que possibilitou os detentores de cargos executivos se recandidatarem a um imediato segundo mandato. Para isso, alterava-se o texto da própria Constituição, nela introduzindo as regras de novo estatuto das eleições.

Ao nos deter nas origens do atraso industrial nos anos noventa, chama atenção dois aspectos: o abandono ao projetamento em escala nacional, e, quando existiu, sua substituição por projetos locais setoriais, de âmbito municipal ou estadual de curtíssimo prazo.

---

41 CARDOSO, Fernando Henrique. "Reforma e imaginação". *In*: LIMA SOBRINHO, Barbosa *et al. Em defesa do interesse nacional*: desinformação e alienação do patrimônio público. 3ª ed. Rio de Janeiro: Paz e Terra, 1994, p. 179.

42 CARDOSO, Fernando Henrique. "Reforma e imaginação". *In*: LIMA SOBRINHO, Barbosa *et al. Em defesa do interesse nacional*: desinformação e alienação do patrimônio público. 3ª ed. Rio de Janeiro: Paz e Terra, 1994, p. 177.

Quase todos ligados à captação de recursos através de propostas de parcerias público-privadas. No âmbito federal, desde o Plano Cruzado, no governo de José Sarney, até o Plano Real (FHC), as políticas econômicas adotadas privilegiaram, com maior ou menor êxito, o combate à inflação e aos desequilíbrios externos expressos no balanço de pagamentos agravados por políticas macroeconômicas recessivas. Em diversas oportunidades, o efeito dessas políticas foi a redução da demanda interna (desastrosa para setores da indústria de bens correntes que sobreviviam no país), através de aumentos sucessivos das taxas de juros, sem atentar os efeitos do câmbio e as consequências sobre as importações, em uma economia que se tornara extremamente dependente.

Do Plano Collor a FHC, o país irá paulatinamente se desindustrializando, sobretudo com o advento e dominação do processo de globalização em escala mundial. Embora reconhecendo a necessidade de redução da proteção externa (exigida pelos organismos internacionais – FMI, BIRD, OMC) a fim de acompanhar o processo imposto pela globalização internacional, o país não conseguirá adentrar as tecnologias da Terceira Revolução Industrial, em novas áreas como computação, cibernética, softwares etc. No caso da indústria automobilística, o setor apenas iniciara o deslocamento do motor para o complexo eletrônico, nova área de dinamismo crescente de outros polos irradiadores. O principal argumento crítico, no entanto, à aplicação da tarifa de importação zero a todos os produtos e serviços ainda não produzidos no Brasil, era a perda inexorável ao estímulo de modernização tecnológica em que novos produtos, da siderurgia ao plástico estavam sendo estimulados no exterior. Sem embargo, nessa competição desigual, os empresários brasileiros viram-se rapidamente convertidos de industriais inovadores a compradores importadores, de produtos acabados. Desestimulavam-se investimentos, ao mesmo tempo em que as sucessivas políticas recessivas, dificultando o crédito interno através de aumentos de taxas de juros pelo Banco Central levavam ao desestímulo a novos investimentos, demonstrando a incompatibilidade da recessão e da liberalização com a necessária modernização de nossa economia. Assim, para a indústria brasileira, os anos noventa converteram-se em verdadeira década perdida. Também os setores de serviços tradicionais experimentaram a mesma transformação, como os serviços de longa distância personalizados – processamento de áudios, vídeos e informações, sistemas de telefonia, computadores e máquinas *fac-símile* interligando empresas não só no país como com o exterior etc. De fato, o mundo se transformava. Na área dos transportes, os serviços de entrega rápida de pessoas e encomendas individuais também se transformavam. Na área financeira, as conexões de redes interbancárias, seguros e investimentos, desenvolvidos tanto para pessoas físicas como para empresas, passavam a representar os setores de maior valor dos serviços. Na área de comunicação de mídia, boletins informativos, noticiários em vídeo, videotextos etc., suprem a necessidade rápida dos usuários por conhecimento e informações e prenunciam as novas tecnologias dos "*youtubes*" e "*whatsapps*".[43] Portanto, acirra-se a concorrência e as contradições do sistema, desencadeando um verdadeiro processo de autodestruição, pois a própria lógica do capitalismo gera queda maior da taxa de lucros. Breve, as novas formas de organização do processo de produção repercutiriam no próprio mercado de trabalho, transformando os direitos sociais ao explorar cada vez mais funcionários terceirizados e autônomos.[44]

---

43 GADELHA, Regina Maria A. F. "Globalização e crise estrutural". *In*: ____. (Coord.). *Globalização, Metropolização e Políticas Neoliberais*. São Paulo: EDUC, 1997, pp. 62/63.

44 GADELHA, Regina Maria A. F. "Impactos da globalização nos projetos das elites nacionais". *Cultura Vozes*. Niterói: Vozes, vol. 92, nº 1, 1998; ANTUNES, Ricardo. *Adeus ao trabalho?* Ensaio sobre as metamorfoses e a centralidade do mundo do trabalho. 2ª ed. São Paulo: Cortez, 1995; SENNETT, Richard. *A corrosão do caráter*: consequências pessoais do trabalho no novo capitalismo. Trad. Marcos Santarrita. Rio de Janeiro: Record, 1999; RIFKIN, Jeremy. *Sociedade com custo marginal ZERO*: a internet das coisas, os bens comuns colaborativos e o eclipse do capitalismo. Trad. São Paulo: M. Books, 2016; DOWBOR, Ladislau. O

A globalização permitiu às grandes organizações multinacionais adotarem nova estratégia de racionalização da produção, melhor aproveitando as vantagens comparativas oferecidas em escala mundial de aprovisionamento de matérias primas e energia, custo de mão de obra, impondo nova divisão internacional e social do trabalho. De acordo com Robert Reich, no setor mais específico do trabalho agravava-se cada vez mais o fosso que separa os trabalhadores mais qualificados (analistas simbólicos) daqueles destituídos de formação e, por isso, apenas capacitados para atuarem a nível do chamado "chão de fábrica".[45] Nesse novo sistema, "o coração, o centro da criação do valor, é o trabalho imaterial", escreve André Gorz.[46] Esta será a grande diferença entre os trabalhadores de indústrias taylorizadas e os da era pós-fordista.[47]

Sem adentrar na nova fase revolucionária do processo de industrialização, assistiu-se no Brasil aos efeitos nocivos da rápida e precoce desindustrialização, acelerada pela adoção de políticas neoliberais de duvidoso resultado progressista. Nesse sentido, concordamos com a análise de Wilson Cano, quando sumaria essas políticas adotadas a partir do Plano Real: câmbio excessivamente valorizado, cumprindo o papel de âncora dos preços ao lado do apoio "logístico" da prática de juros reais elevados e controle fiscal. Fator que agravaria a "perda de competitividade da indústria nacional perante outros países".[48] Segundo, a abertura desregrada do país iniciada com o Plano Verão, em 1989, ainda no governo Sarney,

---

capitalismo se desloca: novas arquiteturas sociais. São Paulo: Edições SESC, 2020.

45 REICH, Robert B. O *trabalho das nações*: Preparando-nos para o capitalismo do século XXI. São Paulo: Educator, 1994, p. 105.

46 GORZ, André. O *Imaterial*. Conhecimento, *Valor e Capital*. Trad. Celso Azzan Jr. São Paulo: Annablume, 2005, p. 19.

47 GORZ, André. O *Imaterial*. Conhecimento, *Valor e Capital*. Trad. Celso Azzan Jr. São Paulo: Annablume, 2005.

48 CANO, Wilson. "A desindustrialização no Brasil". *Economia e Sociedade*, Campinas, vol. 21, nº especial, dez. 2012, p. 834.

quando teria ocorrido a primeira investida à proteção industrial existente no país, ampliada no governo Collor e aprofundada no governo de FHC, mantendo-se até o final do governo Dilma Rousseff e que completaria o nocivo efeito do câmbio valorizado, reduzindo ainda mais o grau de proteção dos produtos brasileiros perante a concorrência externa. Finalmente, as taxas de juros elevada e que, comparada com as taxas de lucro, faria com que os empresários nacionais optassem pela primeira, com expectativa de acumular capital.[49] Em consequência, os empresários deixavam de investir, a indústria perdia produtividade e competitividade. Por outro lado, as altas taxas de juros atraíam sobretudo o capital especulativo externo, atraído por políticas de favorecimento financeiro (investimentos em carteira; títulos privados e da dívida pública, frequentemente confundido com volume de capital e participação no PIB). Ao mesmo tempo em que a participação da indústria de transformação caía no IDE total de 60% (1990) para 30-40% (2001), ampliava-se a participação do setor de serviços, sobretudo atividades financeiras favorecidas pelo processo de privatizações. Quanto aos investimentos internos, predominaria "a alocação nos serviços, especialmente no setor financeiro, construção, negócios imobiliários, agropecuária e mineração", reduzindo-se na indústria de transformação.[50]

Ao longo de todo governo FHC, apesar das políticas restritivas, o Banco Central se via obrigado a frequentes intervenções no mercado cambial. Estas medidas, agravadas pela elevação da taxa de juros nominais e reais, acima de 30%, mostraram fraco resultado com o ressurgimento da inflação doméstica e aumento do déficit das

---

49 Em 2011 a taxa oficial brasileira, mantida pelo Banco Central (Selic) manteve-se, em média, acima de 12%, caindo a partir do início de 2012 para 9,5% e atingindo 8% em julho 2012. No segundo mandato da Presidente Dilma Rousseff, com o Ministro Joaquim Levy, os juros voltaram a subir, atingindo 13,25% em junho 2015. Em agosto de 2016, os títulos emitidos pelo governo pagavam juros de 14,25% (Selic).

50 CANO, Wilson. "A desindustrialização no Brasil". *Economia e Sociedade*, Campinas, vol. 21, nº especial, dez. 2012, p. 835.

contas externas.[51] O que levou o governo a intensificar o processo de privatizações das maiores empresas do país, anteriormente negadas pelo candidato FHC. Assim, foram privatizados os importantes setores de siderurgia (Cia. Siderúrgica Nacional); mineração (Cia. Vale do Rio Doce, maior exportadora de minério de ferro do mundo); energia (Sistema Eletrobrás-Centrais Elétricas Brasileiras, fracionado e dividido em mais de 12 setores, e outras a nível estadual, como CESP e CEMIG); telecomunicações (EMBRATEL-Empresa Brasileira de Telecomunicações, responsável pela comunicação à longa distância e serviços de transmissão e teleconferência); ferrovias (Rede Ferroviária Federal); bancos estatais, entre eles o rentável Banco do Estado de São Paulo-Banespa, antes foi "federalizado" apesar dos protestos do governador Mário Covas, e muito mais.

Este largo processo de privatizações e desnacionalização promovido pelo governo FHC, atendia aos interesses externos estimulados pelo FMI e recomendações do Consenso de Washington. O resultado final apresentado pelos leilões públicos das privatizações das maiores empresas nacionais indica uma receita total de US$ 78,61 bilhões, sendo 95% em moeda nacional (moeda Real), pois financiado pelo BNDES, e participação de grandes fundos de pensão como PREVI, dos funcionários do Banco do Brasil, e serviram de lastro para a negociação das dívidas externas do país.[52] De acordo com Carlos Lessa, no final do processo, os grandes ganhadores seriam os rentistas, que desfrutam os pagamentos de juros da dívida pública. Além desses, o processo de privatização "deu origem a alguns novos grandes grupos brasileiros, simétricos ao esvaziamento do Estado

---

51 HABE, James Hiroshi; LIRA, Paulo Vitor Sanches. "Os desafios da política cambial". *In*: GADELHA, Regina Maria A. F. (Coord.). *Mercosul a Unasul*. Avanços do processo de integração. São Paulo: EDUC/Fapesp, 2013, pp. 527-529.

52 O Programa de Privatizações do Brasil foi considerado o maior programa de privatização do mundo, reduzindo a despesa de juros em 2% do PIB. (Nunes; Peres Nunes. 2009).

nacional".[53] De fato, a dívida pública havia se tornado o principal eixo da acumulação rentista-patrimonial brasileira, transformando os anos noventa na verdadeira década perdida.[54]

Entrementes as crises financeiras mundiais se agravavam, atingindo países da Ásia, como Japão (1997) e Rússia (1998), obrigando o governo brasileiro a recorrer novamente a empréstimos junto ao FMI. Os ataques especulativos do período, em parte devido às facilidades de exportação de capitais que entravam no país a fim de usufruir das altas taxas de juros, obrigou o governo a novamente adotar o regime de metas de inflação desde julho de 1999. Em verdade, a crise se arrastaria ao longo de todo o segundo governo FHC até 2003. Como observa Wilson Cano, ao mesmo tempo os investimentos estrangeiros se voltavam para o novo mercado emergente da China, em busca de trabalho barato, com perspectivas de maiores ganhos através de um câmbio desvalorizado e tecnologias de alta competitividade.[55]

O resultado do período FHC demonstra a perda de competitividade das exportações industriais brasileiras, com deslocamento de parte dos produtos manufaturados exportados substituídos por produtos chineses no mercado norte-americano. No entanto, a indústria brasileira ainda resistiria, graças ao Mercosul e maior competitividade de sua produção em relação à Argentina, que sofria as profundas perdas impetradas ao seu parque industrial durante

---

53 LESSA, Carlos. "Prefácio". *In:* CARVALHO, Joaquim F. de *et al. O Brasil é viável?* Uma análise de aspectos críticos da realidade brasileira, seguida do esboço de diretrizes estratégicas para um projeto nacional. Rio de Janeiro: Paz e Terra, 2006, p. 17.

54 BRUNO, Miguel. "Endividamento do Estado e setor financeiro no Brasil: Interdependências macroeconômicas e limites estruturais ao desenvolvimento". *In*: MAGALHÃES, João Paulo de Almeida *et al. Os anos Lula. Contribuições para um balanço crítico. 2003-2010*. Rio de Janeiro: Garamond, 2010, pp. 79 e ss.

55 CANO, Wilson. "A desindustrialização no Brasil". *Economia e Sociedade*, Campinas, vol. 21, nº especial, dez. 2012, p. 835.

o (des)governo neoliberal de Carlos Menem. A partir de 1994, a valorização do real faria o comércio bilateral deficitário do Brasil com o Mercosul ser revertido, as vendas para o Brasil contribuindo para que a Argentina mantivesse sua atividade econômica.[56] Por outro lado, a entrada da China, que se tornaria segundo parceiro do Brasil após os Estados Unidos, contribuiu para a estabilidade do governo Lula, mas também para acelerar a reprimarização da pauta brasileira de exportações.

A entrada dos produtos chineses de importados no mercado brasileiro se viu desde logo favorecidos pelo real valorizado, precipitando a falência de inúmeros empresários nacionais, ao mesmo tempo em que a China ampliava suas compras de matérias primas, minérios e produtos agropecuários – soja e carne – no mercado nacional, responsável em 2009, por cerca de 60% de nosso saldo comercial total. Consequentemente, o peso das exportações de manufaturados na balança exportadora brasileira, de 60,7% em 2000, reduz-se para 36,8% em 2011, reduzindo os semimanufaturados de 15,8 para 14,3% respectivamente, enquanto os produtos básicos aumentavam de 23,4%, em 2000, para 48,9 em 2011.[57] Como afirma o autor:

> Há de se entender que eliminar uma empresa é relativamente fácil, em tais circunstâncias. Destruir uma liderança industrial nacional, um empresário industrial dinâmico, como ocorreu

---

56 HABE, James Hiroshi; LIRA, Paulo Vitor Sanches. "Os desafios da política cambial". *In*: GADELHA, Regina Maria A. F. (Coord.). *Mercosul a Unasul*. Avanços do processo de integração. São Paulo: EDUC/Fapesp, 2013, pp. 535-537.

57 CANO, Wilson. "A desindustrialização no Brasil". *Economia e Sociedade*, Campinas, vol. 21, nº especial, dez. 2012, p. 842.

com vários, também é fácil. O difícil é criar ou tentar recriar tais empresas e respectivas lideranças.[58] [59]

Consequentemente, o desestímulo ao investimento interno e o real valorizado contribuiriam ainda para a saída de capitais nacionais do país, incentivados pelos lucros mais fáceis oferecidos por paraísos fiscais.

Gráfico 1 - Brasil: Investimentos Diretos no Exterior – 2002-2021 (em milhões)

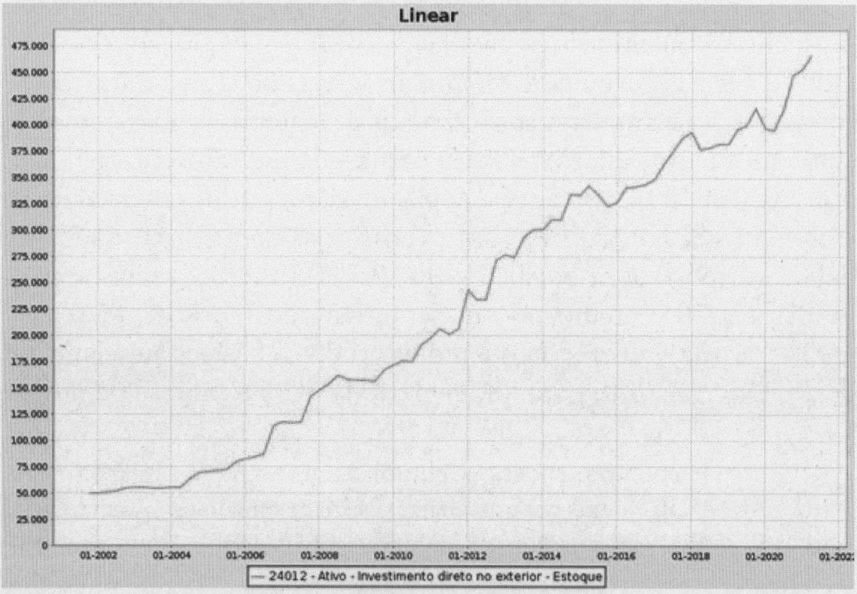

Fonte: Banco Central do Brasil.

---

58 CANO, Wilson. "A desindustrialização no Brasil". *Economia e Sociedade*, Campinas, vol. 21, nº especial, dez. 2012, p. 844.

59 Dois exemplos apresentados por Cano são bastante expressivos de empresários que venderam, fecharam ou desistiram de atuar no setor industrial: Metal Leve (José Mindlin) ou Kasinski Motos (Abrão Kasinski), exportadas aos mercados norte-americanos e europeus, obrigada a se transformar em simples montadoras na Zona Franca de Manaus, até sua venda, em 2009, para um grupo empresarial chinês.

O gráfico 1 demonstra a aceleração do aumento de investimentos externos brasileiros no exterior a partir de 2006, estimulado pelas exportações das *commodities* e acelerado após a crise de 2008.

Sem embargo, o governo Lula herdaria alguns projetos idealizados a nível continental no final do governo FHC. Dentre eles, o IIRS-Programa de Integração de Infraestrutura Regional Sul-Americana, vasto programa proposto ao governo brasileiro na Cúpula Presidencial das Nações Sul-Americanas reunida em Brasília, entre 31 de agosto e 01 de setembro de 2000, a convite do governo FHC, com apoio do BIRD e Banco Mundial. O IIRSA, envolvendo 12 países do continente, colocava-se como resposta política do governo brasileiro aos outros projetos de livre-comércio, entre os quais a ALCA, pensados para a região. Ao contrário do Mercosul, tratava-se não apenas do estabelecimento de acordos comerciais, mas de um megaplano de desentrave das fronteiras sul-americanas para promover não só comércio, mas também a integração e desenvolvimento social de toda a região.[60] Tal compromisso contou com o respaldo dos ministros de Transporte, Energia e Telecomunicações dos países firmatários do acordo de Brasília, e foi assinado em Montevideo em dezembro de 2000, marcando o início das atividades do projeto. O Plano norteador dessa Carteira de Projetos "*Objetivos y Antecedentes de Planificación territorial Indicativa: Cartera de Proyectos IIRSA*" foi terminado e entregue em 2004. Trata-se de vasto plano de obras públicas, abrangendo os setores de transporte, energia e telecomunicações e envolvendo aspectos econômicos, jurídicos, políticos, sociais, culturais e ambientais, com amplo respaldo do Itamaraty e do governo federal brasileiro, envolveria as maiores empreiteiras do país e financiamento fundamental do BNDES.

---

60 GADELHA, 2008.

Abaixo, reproduzimos o mapa contendo a localização de cada eixo atualizado, desenvolvido e executado no Projeto até 2011.[61]

Mapa 1 - Projetos da Agenda de Projetos Prioritários de Integração da América do Sul

Fonte: iirsa.org

Note-se que os 10 eixos de integração do projeto cortam, de maneira transversal, o território brasileiro, representando uma soma fundamental de investimentos, em parte financiados pelo BNDES. Esses eixos pressupõem uma nova relação com a região, ampliando

61 Os dados abaixo representam resultado de nossa pesquisa sobre o IIRSA, desenvolvida entre 2007 e 2009 com alunos de Iniciação Científica do Departamento de Economia-PUC-SP, e constante do Relatório Final do aluno Paulo Vitor Sanchez Lira.

o fluxo de comércio, na busca por adquirir uma nova potencialidade para desenvolvimento dos países envolvidos, em que cada projeto de infraestrutura é pensada para cada eixo, transformado em "*corredores eficientes para facilitar a produção e o comércio de bens, se não em ser o veículo para o desenvolvimento integral das regiões e de população que os habitam*".[62]

O que ressalta a importância dos dois primeiros Programas de Aceleração do Crescimento (PAC I e II), tentativas desenvolvimentistas dos governos de Luís Inácio Lula da Silva e primeiro mandato de Dilma Rousseff. Nesse sentido, o BNDES foi o Banco financiador que mais firmemente garantiu os investimentos realizados em prol da integração física do continente desde 2003, com ações bilaterais beneficiando exportações de bens e serviços de empresas brasileiras para a execução de projetos no Cone Sul. Como exemplo de financiamento de algumas importantes ações desse Banco, tais o financiamento de exportações de materiais e serviços para a construção do gasoduto na Argentina somando US$ 237 milhões; o metrô no Chile, US$ 153 milhões; aviões da Embraer e a construção da usina hidrelétrica San Francisco no Equador, US$ 304 milhões; além de materiais e serviços para construção de estradas no Paraguai, US$ 77 milhões; construção de usinas e diversos outros projetos na Venezuela US$ 352 milhões.[63]

Os projetos do IIRSA acima mencionados, integrados principalmente ao PAC I e PAC II elaborados na gestão Lula, demonstram a importância da retomada de crescimento brasileira, sobretudo *via* BNDES, cujo governo se empenharia na realização das condições para uma real integração Sul-Americana que acarretasse a possibilidade de atração de negócios e desenvolvimento de empresas regionais,

62 IIRSA, 2004, p. 17.

63 PADULA, Raphael. *Transportes*: fundamentos e propostas para o Brasil. Brasília: Conselho Federal de Engenharia e Agronomia-CONFEA, 2008, p. 203.

com criação de empregos propiciando oportunidades e melhoria de rendimento para as populações envolvidas, tendo em pauta o reforço das relações de amizade com os países vizinhos, em um forte bloco econômico de âmbito macrorregional.[64] Infelizmente o projeto sofreria não só os efeitos da crise mundial de 2008, com refração sobre o índice de exportações do país. As consequências da crise foram fortemente sentidas ainda no primeiro mandato da presidente Dilma Rousseff (2011-2014), tendo herdado a maioria dos problemas da era FHC ao lado da maior crise econômica pós 1929. O círculo vicioso traçado pelo artigo de Miguel Bruno resume e permite aprofundar os ônus dessa herança: (i) a liberalização financeira com mercados de derivativos favorecendo uma rápida e volátil acumulação de divisas, com base na entrada de capitais especulativos e voláteis; (ii) taxa de câmbio real altamente apreciada e sistema de metas de inflação que se beneficiava da valorização da moeda nacional, em detrimento das exportações; (iii) em consequência, desacelerava-se o ritmo das exportações, enquanto cresciam as importações, inclusive produtos de luxo, tais como automóveis importados, etc.; (iv) a internacionalização e a desnacionalização da economia se aprofundam no período, atingindo fortemente o setor industrial.[65]

O círculo se fecharia no segundo mandato (2015-2016): reeleita Dilma Rousseff, esta optou pela continuidade do modelo macroeconômico recessivo, ao escolher como ministro da Fazenda o Sr. Joaquim Levy, bancário de carreira do poderoso Banco Bradesco S.A., do qual era diretor. No entanto, acentuara-se a crise macroeconômica e as medidas restritivas por ele adotadas aprofundaram a deterioração da economia ao longo de 2015. Apesar do extraordinário crescimento das reservas externas brasileiras terem atingido

---

64 GADELHA. Idem. 2018.

65 BRUNO, Miguel. "Endividamento do Estado e setor financeiro no Brasil: Interdependências macroeconômicas e limites estruturais ao desenvolvimento". *In*: MAGALHÃES, João Paulo de Almeida *et al*. *Os anos Lula. Contribuições para um balanço crítico. 2003-2010*. Rio de Janeiro: Garamond, 2010, p. 100.

US$ 352,012 bilhões desde 2011, o governo Dilma não saberia aproveitá-las em benefício do país, mantendo-se refém das agências financeiras internacionais. E o Brasil, que tinha selo de bom pagador, viu deteriorar-se o chamado grau de investimento, perdendo nota nas três grandes agências internacionais de classificação de risco. Por seu lado, na Conferência de Davos, o ministro Levy pedia "paciência". As exportações salvariam o país; a expectativa era crescer 0,15%, com recessão de 3,6%. No início de 2015, a expectativa era que a inflação ficaria abaixo do teto da meta de 6,5%, mas a alta de preços atingiu mais de dois dígitos. Desse modo, baseando-se no enorme potencial agroindustrial, aprofundava-se a dependência estrutural às exportações.[66]

Este cenário serviu de pano de fundo ao golpe delineado pelas forças reacionárias do país, atingindo o mandato de Dilma Rousseff no segundo ano de seu governo. Na verdade, estavam em jogo as inúmeras contradições acumuladas de frações de classe oligárquicas, que desejavam garantir maiores ganhos de poder, reivindicando o aprofundamento de reformas trabalhistas e previdenciárias, que lhes proporcionaria assenhorear-se mais facilmente de parte do cobiçado orçamento da Previdência Social e dos grandes Fundos de Pensões dos Trabalhadores, em especial Previ e Petrus. Quase sem reação, seu mandato seria atingido pelas investigações abertas pelo processo conhecido como "lava jato", atingindo não só o Partido dos Trabalhadores como a pessoa do ex-presidente Lula e ela própria, interrompendo assim a ilusão da via capitalista trilhada pelas grandes empresas brasileiras – Odebrecht, OAS, Camargo Corrêa, Andrade Gutierrez, Queiroz Galvão, Engevix, UTC Engenharia etc., beneficiadas ao longo das duas primeiras décadas do século XXI, incluindo o gigante Petrobrás.

---

66 FILGUEIRAS, Luiz *et al.* "Modelo liberal-periférico e bloco de poder: política e dinâmica macroeconômica nos governos Lula". *In*: MAGALHÃES, João Paulo de Almeida; *et al.* *Os anos Lula.* Contribuições para um balanço crítico. 2003-2010. Rio de Janeiro: Garamond, 2010, pp. 54/55.

O *impeachment* parlamentar que derrubou o governo de Dilma Rousseff, sob a suspeita de corrupção, revela-se ter sido verdadeiro golpe a interromper de maneira contundente o projeto desenvolvimentista brasileiro. Não apenas sob aspecto de desmantelamento dos direitos sociais, eliminados por seu sucessor, o vice-presidente Michel Temer, do PMDB (2016-2018), partido ligado a todas as políticas de privatização realizadas nos anos noventa. Período que se fecha com a eleição presidencial de Jair Messias Bolsonaro (2019), início da desconstitucionalização do Estado nacional brasileiro construído a partir de 1930.

Os mil dias de mandato já cumpridos por esse presidente representa o mais violento retrocesso democrático sofrido pela Nação desde sua independência, com degradação política, econômica e social refletida na destruição dos importantes biomas amazônico, cerrado de pantanal mato-grossense, avanço de mineradoras sobre comunidades indígenas, quilombolas e ribeirinhos, aumento da taxa de desemprego que hoje atinge mais de 14,4 % dos brasileiros, ampliação da miséria absoluta já superada nos governos anteriores. Dois anos depois de assumir a Presidência da República, o cofre fazendário apresenta-se saqueado, ministérios desarticulados e sem governança, o país ameaçado pelo fogo transforma-se com imensas zonas desertificadas. A pandemia da Covid-19 já ultrapassa 600 mil mortos, sem remédio ou vacina. Sem rumo e sem recursos, seria hoje possível reverter o quadro da desindustrialização? Esta pergunta vem sendo formulada por inúmeros economistas e cientistas sociais em nosso país desde o final dos anos 1970. O que me leva, porém, indagar qual a ideologia norteadora da ética desse governo e a do próprio presidente da República?

Referências bibliográficas

ANTUNES, Ricardo. *Adeus ao trabalho?* Ensaio sobre as metamorfoses e a centralidade do mundo do trabalho. 2ª ed. São Paulo: Cortez, 1995.

AVRITZER, Leonardo; KERCHE, Fábio; MARONA, Marjorie. (Coord.). *Governo Bolsonaro*: retrocesso democrático e degradação política. Belo Horizonte: Autêntica, 2021.

BANCO CENTRAL DO BRASIL. *Estatísticas*: Séries históricas. Disponível em: https://www3.bcb.gov.br/sgspub/consultarvalores/consultarValoresSeries.do?method=consultarGrafico. Acessado: 14.10.2022.

LIMA SOBRINHO, Barbosa *et al. Em defesa do interesse nacional*: desinformação e alienação do patrimônio público. 3ª ed. Rio de Janeiro: Paz e Terra, 1995.

BARROS DE CASTRO, Antônio. *A economia brasileira em marcha forçada*. 2ª ed. Rio de Janeiro: Vozes, 1985.

BATISTA, Paulo Nogueira. "O Consenso de Washington: a visão neoliberal dos problemas latino-americanos". *In*: LIMA SOBRINHO, Barbosa *et al. Em defesa do interesse nacional*: desinformação e alienação do patrimônio público. 3ª ed. Rio de Janeiro: Paz e Terra, 1995.

BRANDÃO, Carlos. "Prefácio". *In*: D'AGUIAR, Rosa Freire. (Coord.). *Celso Furtado Essencial*. Rio de Janeiro: Penguin/Cia. das Letras, 2013.

BRUNO, Miguel. "Endividamento do Estado e setor financeiro no Brasil: Interdependências macroeconômicas e limites estruturais ao desenvolvimento". *In*: MAGALHÃES, João Paulo de Almeida *et al. Os anos Lula*: contribuições para um balanço crítico, 2003-2010. Rio de Janeiro: Garamond, 2010.

CANO, Wilson. "A desindustrialização no Brasil". *Economia e Sociedade*. Campinas: IE-Unicamp, vol. 21, dez. 2012.

CARDOSO, Fernando Henrique. "Reforma e imaginação". *In*: LIMA SOBRINHO, Barbosa *et al. Em defesa do interesse nacional*: desinformação e alienação do patrimônio público. 3ª ed. Rio de Janeiro: Paz e Terra, 1995.

CONGRESSO NACIONAL. *CPMI*: causas e dimensões do atraso tecnológico. Relatório Final. Brasília: Senado Federal, 2013.

COUTINHO, Luciano; FERRAZ, João Carlos. (Coord.). *Estudo da competitividade da indústria brasileira*. 2ª ed. Campinas: Unicamp, 1994.

DOWBOR, Ladislau. *A era do capital improdutivo*: a nova arquitetura do poder, sob dominação financeira, sequestro da democracia e destruição do planeta. São Paulo: Outras Palavras & Autonomia Literária, 2017.

_____. *O capitalismo se desloca*: novas arquiteturas sociais. São Paulo: Edições SESC, 2020.

FILGUEIRAS, Luiz *et al.* "Modelo liberal-periférico e bloco de poder: política e dinâmica macroeconômica nos governos Lula". *In*: MAGALHÃES, João Paulo de Almeida *et al. Os anos Lula*: contribuições para um balanço crítico, 2003-2010. Rio de Janeiro: Garamond, 2010.

FILGUEIRAS, Luiz. *A história do Plano Real*: fundamentos, impactos e contradições. 3ª ed. São Paulo: Boitempo, 2006.

FURTADO, Celso. *Brasil*: a construção interrompida. Rio de Janeiro: Paz e Terra, 1992.

_____. *O mito do desenvolvimento econômico*. Rio de Janeiro: Paz e Terra, 1974.

GADELHA, Regina Maria A. F. (Coord.). *Mercosul a Unasul*: avanços do processo de integração. São Paulo: EDUC/Fapesp, 2013.

_____. "Globalização e crise estrutural". *In*: _____. (Coord.). *Globalização, Metropolização e Políticas Neoliberais*. São Paulo: EDUC, 1997.

_____. "Impactos da globalização nos projetos das elites nacionais". *Cultura Vozes*, Niterói, vol. 92, nº 1, 1998.

GEORGES, Rafael. "Um retrato das desigualdades brasileiras". *In*: MAIA, Katia. (Coord.). *A distância que nos une*. Brasília: OXFAM Brasil, 2017. Disponível em: https://bityli.com/AntqCEPH. Acessado em: 14.10.2022.

GORZ, André. *O Imaterial*: Conhecimento, Valor e Capital. Trad. Celso Azzan Jr. São Paulo: Annablume, 2005.

HABE, James Hiroshi; LIRA, Paulo Vitor Sanches. "Os desafios da política cambial". *In*: GADELHA, Regina Maria A. F. (Coord.). *Mercosul a Unasul*: avanços do processo de integração. São Paulo: EDUC/Fapesp, 2013.

LESSA, Carlos. "Prefácio". *In*: CARVALHO, Joaquim F. de *et al. O Brasil é viável?* Uma análise de aspectos críticos da realidade brasileira, seguida do esboço de diretrizes estratégicas para um projeto nacional. Rio de Janeiro: Paz e Terra, 2006.

_____. *A estratégia de desenvolvimento, 1974-1976*: sonho e fracasso. Campinas: Unicamp, 1998.

MENEZES, Adolfo Bezerra de *et al. Brasil Mais* (da inteligência brasileira). *A Vale*: Vender ou não. Rio de Janeiro: Europa, jan. 1997.

NIEMEYER, Oscar. "Uma Pergunta". *Brasil Mais* (da inteligência brasileira). *A Vale*: Vender ou não. Rio de Janeiro: Europa, jan. 1997.

NUNES, Ricardo da Costa; PERES NUNES, Selene Peres. *Privatização e ajuste fiscal*: a experiência brasileira. Rio de Janeiro: Ipea, 2009. Disponível em: http://repositorio.ipea.gov.br/bitstream/11058/4001/3/PPP_n17_Privatizacao.pdf. Acessado em: 14.10.2022.

OXFAM BRASIL. *Nós e as desigualdades*: percepções sobre desigualdades no Brasil. Brasília: Oxfam Brasil, 2017.

PADULA, Raphael. *Transportes*: fundamentos e propostas para o Brasil. Brasília: Conselho Federal de Engenharia e Agronomia-CONFEA, 2008.

PETRELLA, Riccardo. *Los Limites de la Competitividad*. Buenos Aires: Universidad Nacional de Quilmes/Sudamericana, 1996.

PIKETTY, Thomas. *O Capital no século XXI*. Trad. Monica B. de Bolle. Rio de Janeiro: Intrínseca, 2014.

QUIJANO, Aníbal. "El nuevo imaginario anticapitalista". *América Latina en Movimiento*, Quito, vol. 351, abr. 2002.

REICH, Robert B. *O trabalho das nações*: preparando-nos para o capitalismo do século XXI. São Paulo: Educator, 1994.

RIFKIN, Jeremy. *A Terceira Revolução Industrial*: como o poder lateral está transformando a energia, a economia e o mundo. ***São Paulo: M. Books, 2012.***

______. *Sociedade com custo marginal ZERO*: a internet das coisas, os bens comuns colaborativos e o eclipse do capitalismo. São Paulo: M. Books, 2016.

SENNETT, Richard. *A corrosão do caráter*: consequências pessoais do trabalho no novo capitalismo. Trad. Marcos Santarrita. Rio de Janeiro: Record, 1999.

CAPÍTULO V

ESTADO, POLÍTICA INDUSTRIAL E TECNOLÓGICA: REFLEXÕES SOBRE ALTERNATIVAS PARA A RETOMADA DA INDÚSTRIA BRASILEIRA

LUIZ NIEMEYER

Introdução

Dada a abrangência do tema, será feita uma revisão da literatura envolvendo importantes autores de cada um dos três tópicos acima. O que iremos demonstrar é que apesar das barreiras envolvidas no tocante ao predomínio das políticas neoliberais nos últimos 25 anos, existem alternativas para a retomada da industrialização brasileira. Maior ênfase será dada a questões envolvendo desenvolvimento tecnológico e o desenvolvimento econômico.

1 O papel do Estado no desenvolvimento econômico

1.1 Ativistas-idealistas (Renascimento) *versus* passivistas-materialistas (Iluminismo e neoclássicos)

Reinert[1] analisou o papel do Estado (setor governo) em promover o crescimento econômico nas sociedades ocidentais desde o Renascimento. Uma conclusão importante é que o antagonismo entre o Estado e o mercado é uma característica do Século XX. Trata-se de uma perspectiva relativamente nova. Desde o Renascimento, uma tarefa muito importante do Estado tem sido criar mercados que funcionem bem através do fornecimento de padrões legislativos, de crédito, de infraestrutura física, e – se necessário – funcionar temporariamente como "empreendedor de último recurso".

Economistas mercantilistas (que estavam perfeitamente cientes que mercados nacionais não ocorriam espontaneamente) viam como uma de suas principais funções estenderem para todo o território-nação (via Estado nacional) a sinergia dos efeitos econômicos observado nas cidades.

Reinert observa que a economia clássica anglo-saxã – fundamentalmente focada na troca ("*barter*") e na distribuição, ao invés de focar na produção e no conhecimento – sistematicamente falha em levantar as amplas questões relacionadas ao desenvolvimento econômico. O autor discute o papel do Estado na tradição alternativa de economia do não equilíbrio. A ciência econômica discutida na Inglaterra estava relacionada a questões de comércio exterior. Exemplo de aspectos esquecidos por essa ciência: a) mercados não produzem distribuição de renda; b) a Inglaterra do livre comércio do século XIX era muito mais protegida que os EUA de hoje.

1 REINERT, *Erik S. How rich countries got rich... and why poor countries stay poor*. Londres: Constable, 2007.

1.2 O Estado no pós Segunda Guerra

Chang[2] destaca que ao final da Segunda Guerra Mundial observou-se uma ampla rejeição da doutrina laissez-faire, que falhou espetacularmente no período entre guerras. Um envolvimento ativo do Estado era necessário para corrigir as falhas do mercado. Na chamada era de ouro do capitalismo ocorreram avanços teóricos tanto na Economia do Bem-Estar neoclássica como no keynesianismo.

Gerchenkron[3] inspirado em Keynes e Schumpter pregava uma ativa participação do Estado. Este autor foi um dos primeiros a postular o que levariam as economias a buscarem diferentes padrões de desenvolvimento. Para este autor, a intervenção do Estado deveria compensar, e de fato compensou, o inadequado suprimento de capital, mão de obra qualificada e capacidade empresarial e tecnológica encontrada nos países seguidores (Alemanha, EUA, França).

Portanto, a inovação institucional alemã de criação dos grandes bancos (Deutsche Bank etc.) forneceu acesso ao tão necessário capital para a industrialização, enquanto o grande atraso da Rússia far-se-ia necessário um maior e mais direto papel do Estado. Basicamente a posição de um país e suas instituições em relação a outras economias determinaria e extensão da intervenção estatal. Sua ênfase em focar planos doméstico de crescimento leva a um desenvolvimento guiado por um "*inward oriented state guided development*".

Basicamente as instituições de um país e a posição do país com relação a outros países determinaria o tamanho da intervenção estatal. Baseava-se na visão crítica de Keynes com relação à habilidade

---

2 CHANG, Ha-Joon. "Breaking the Mould – An Institutionalist Political Economy Alternative to the Neo-Liberal Theory of the Market and the State". *Cambridge Journal of Economics*, vol. 26, nº 5, 2002.

3 GERSCHENKRON, Alexander. *Economic backwardness in historical perspective.* Cambridge: Belknap Press, 1966.

do mercado em obter resultados ótimos. Também de ser fonte de informação de grande valia com relação ao processo histórico.

1.3 Estado neoclássico: Economia do Bem-Estar até a década de 80

Chang[4] destaca que para os economistas neoclássicos, o mercado é essencialmente a economia e, portanto, se os mercados falham a economia falha. Ótimo de Pareto, equilíbrio geral e externalidades são conceitos áridos e de pouco apelo político. O ótimo de Pareto, através do primeiro teorema da economia do bem-estar, não menciona distribuição de renda e nem se propõe a explicar isso. Portanto, má distribuição de renda não seria uma falha de mercado, pois a teoria não se propõe a gerar uma melhor distribuição de renda.

Este teorema diz que todo equilíbrio competitivo é Pareto ótimo. A segunda parte diz que todo equilíbrio competitivo possui um ótimo em si mesmo. Isso fornece fortes argumentos para teoria neoclássica no sentido de que se um ótimo de Pareto é desejável então é desejável organizar a sociedade de forma a sustentar este ótimo. Isso significa estabelecer um "mercado livre" porque esse é o critério para a eficiência tanto econômica como alocativa.

O primeiro teorema fundamental da economia do bem-estar estabelece que um equilíbrio competitivo é para o bem comum. Dado que indivíduos e empresas são tomadores de preços, um equilíbrio competitivo (competição perfeita) é um ótimo de Pareto. O segundo teorema fundamental afirma que um equilíbrio ótimo de Pareto quase sempre pode ser alcançado por meio do mecanismo de livre mercado.[5]

---

4 CHANG, Ha-Joon. "Breaking the Mould – An Institutionalist Political Economy Alternative to the Neo-Liberal Theory of the Market and the State". *Cambridge Journal of Economics*, vol. 26, nº 5, 2002.

5 LAYLARD, Richard; WALTERS, A. A. *Microeconomic theory*. Nova York: McGraw-Hill, 1978, p. 26.

Externalidade é um bem ou serviço cujo abastecimento não é contabilizado pelo mercado. No caso de presença de externalidades de produção, o ótimo de Pareto não é atingido. Nesse caso para se alcançar um ótimo social no sentido de ótimo de Pareto, é necessário que a existência de outras instituições sociais, como um sistema legal, ou a intervenção governamental, de maneira a "imitar" o mecanismo de mercado de formas a que o ótimo seja atingido. Essa basicamente seria a teoria neoclássica do Estado. O Estado poderia e deveria intervir, por exemplo, via tarifas.

1.4 Contrarrevolução em desenvolvimento econômico: início dos anos 80 – o ataque neoliberal ao Estado "desenvolvimentista" e ao "protecionismo comercial (mercantilista)"

> "*Old development economics was wrong, politically-motivated and corrupt. All distortions are policy induced*".[6]

Toye[7] destaca que a contrarrevolução na política de desenvolvimento econômico deveria neutralizar três causas em particular: a) gigantismo do setor público; b) ênfase excessiva na formação de capital físico; c) proliferação de controles econômicos distorcidos. O pano de fundo desta contrarrevolução é a chegada ao poder de Thatcher, Reagan e Kohl no final dos anos 1980 e início dos anos 1990.

6 TOYE, John. *Dilemmas of development*: reflections on the counter-revolution in development theory and policy. Oxford: Basil Blackwell, 1987, p. 53.

7 TOYE, John. *Dilemmas of development*: reflections on the counter-revolution in development theory and policy. Oxford: Basil Blackwell, 1987.

Não se pode assumir que o Estado seja um guardião imparcial e onipotente. Os austríacos forneceram os argumentos políticos e a filosofia moral enquanto os neoclássicos forneceram o ferramental analítico. O Estado é formado por burocratas e políticos que se comportam de acordo com interesse de determinados grupos de pressão. Tem uma natureza imperfeita: "rent seeking", corrupção etc. Portanto, os custos das falhas do governo são maiores que os custos das falhas do mercado. Os dois são imperfeitos.[8]

Taylor e Shapiro[9] seguindo uma classificação apresentada por Srinivisan,[10] ilustram visões críticas à intervenção do Estado através da política industrial ativa. Começando por Olson[11] e a Escolha Coletiva. Este autor observa o papel de grupos de interesse na formatação de políticas públicas (os indivíduos não tendem a se organizarem buscando o interesse coletivo). Esses grupos de interesses buscam direcionar as rendas para eles mesmos. Portanto, contribuem para a ineficiência na alocação de recursos.

Em seguida, os autores discutem Buchannam[12] e a escola da Escolha Pública. Este autor destaca as perdas econômicas associadas a monopólios e à "rent seeking" derivada da presença do Estado. Isto irá se sobrepor à atividade normal dos mercados. Outro autor visitado é North.[13] Para ele, o Estado se torna um poder em si

8 CHANG, Ha-Joon. "Breaking the Mould – An Institutionalist Political Economy Alternative to the Neo-Liberal Theory of the Market and the State". *Cambridge Journal of Economics*, vol. 26, nº 5, 2002.

9 TAYLOR, Lance; SHAPIRO, Helen. "The state and industrial strategy". *World Development*, vol. 18, nº 6, 1990.

10 SRINIVISAN, 1985.

11 OLSON, 1982.

12 BUCHANNAM, 1980.

13 NORTH, 1981.

mesmo e a sociedade é confrontada entre um trade off entre eficiência econômica e poder do Estado.[14]

1.5 O Estado neoliberal

Chang[15] busca uma boa definição deste Estado. Ele é resultado da teoria neoclássica com os austríacos libertários como Hyeck, Mises e Friedman. Ou seja, o discurso libertário dos austríacos de liberdade e empreendedorismo, e não a árida linguagem neoclássica de otimização de Pareto e equilíbrio geral. Como sabemos, a tradição austríaca libertária esteve à margem da respeitabilidade intelectual até os anos 1970. Portanto, os neoliberais não podiam dar-se ao luxo de prescindir da respeitabilidade "científica" que a economia neoclássica carregava.

Este autor observa que o pensamento austríaco, com base no individualismo-contratualíssimo, argumenta que qualquer intervenção estatal que não seja algumas funções mínimas (mal definidas) é ilegítima porque viola a liberdade individual, o valor último da sociedade humana. Resumindo, os austríacos forneceram os argumentos políticos, enquanto a teoria neoclássica forneceu as ferramentas analíticas. O Estado é composto por burocratas e políticos que atuam de acordo com os interesses de determinados grupos de pressão. O Estado tem uma natureza imperfeita: busca de renda, corrupção etc.

Relembrando a nossa discussão anterior, tanto os neoclássicos como os keynesianos aceitam a intervenção do Estado. Os neoliberais contradizendo o argumento neoclássico de falha de mercado afirmam

---

14 TAYLOR, Lance; SHAPIRO, Helen. "The state and industrial strategy". *World Development*, vol. 18, nº 6, 1990, p. 864.

15 CHANG, Ha-Joon. "Breaking the Mould – An Institutionalist Political Economy Alternative to the Neo-Liberal Theory of the Market and the State". *Cambridge Journal of Economics*, vol. 26, nº 5, 2002.

que esta falha não justifica nenhum tipo de intervenção. A falha da intervenção do Estado é mais prejudicial do que a falha do mercado.

> *In the neoliberal view, growth is a natural or inherent property of capitalist economies. Governments have an important role in providing those public goods, such as physical infrastructure, law enforcement, macroeconomic stability, and perhaps education that are difficult to arrange through private contracts. But beyond that, they should not go, except in those rare cases of market failure.*[16]

2 Política industrial (o Estado proativo e disciplinador)

Taylor e Shapiro[17] destacam que a estratégia (política) industrial deve centrar-se na intervenção pública a nível setorial ou da firma objetivando estimular linhas particulares de esforço econômico. O Estado também deve estar envolvido (patrocinar) ações econômicas amplas complementares ao impulso setorial. Estratégia industrial deveria ser vista como um problema de gerenciar mudanças tecnológicas de formas a alcançar uma industrialização dinamicamente eficiente. Historicamente, nenhum país adentrou no crescimento econômico moderno sem a intervenção direcionada ou a colaboração com entidades de grande porte do setor privado. Eles destacam a intervenção estatal à política industrial ativa adotada pelos NICs asiáticos.

16 TAYLOR, Lance; SHAPIRO, Helen. "The state and industrial strategy". *World Development*, vol. 18, nº 6, 1990, p. 863.

17 TAYLOR, Lance; SHAPIRO, Helen. "The state and industrial strategy". *World Development*, vol. 18, nº 6, 1990.

Amsden[18] observa que os países "*late industrializing*" que apresentaram altas taxas de crescimento: Coreia do Sul, Formosa, Tailândia, Malásia, e em menor grau o Japão, todos tiveram extensa intervenção do governo e política industrial altamente ativa. Eles protegeram sua indústria estratégicas da competição externa e ofereceu a eles incentivos fiscais e tributários.

Amsedn observa que os EUA, principalmente a partir dos anos 80, mobilizado pelo seu déficit, em conjunto com as organizações de Bretton Woods (FMI e BM) lançaram um enorme ataque contra a política industrial. Este país não era capaz de adotar uma, também não era capaz de competir muito bem contra uma (Japão). Consequentemente, os EUA pareciam inclinados a erradicar do mundo os regimes de política industrial dos mercados mundiais.[19]

Para Amsden, em países "late industrializing" (de capitalismo tardio) o argumento "*rent seeking*" não faz sentido. Para ela a inovação tecnológica que surge da competição (por exemplo, Samsung entre Goldstar) alavanca o desenvolvimento para frente. Ela argumenta que países em desenvolvimento (PDs) não possuem recursos para explorar as vantagens comparativas que acompanham a tecnologia avançada. Adicionalmente, os PDs são incapazes de competir com base na vantagem de possuir baixos salários somente. Ela defende veementemente a necessidade da intervenção estatal para aprimorar a base tecnológica, porque a vantagem comparativa dos PDs decorrente dos baixos salários não funciona. Para ela, a tecnologia *high-tech* pode superar incentivos associados ao baixo salário e ao baixo custo.

---

18 AMSDEN, Alice H. *Asia's Next Giant*: South Korea and Late Industrialization. Nova York: Oxford University Press, 1992, p. 61.

19 AMSDEN, Alice H. *Asia's Next Giant*: South Korea and Late Industrialization. Nova York: Oxford University Press, 1992, p. 79.

Para Wade,[20] Amsden criou uma interpretação do sucesso do Leste Asiático, especificamente da Coréia, que vai contra a teoria neoclássica e a visão neoliberal. Sua interpretação inclui os seguintes pontos:

a) O estado na Coréia agiu como empreendedor, banqueiro, e projetista da estrutura industrial; no caso do capitalismo tardio dos países em desenvolvimento, Amsden advoga um Estado disciplinador-pro-ativo de formas a: a) estabelecer os preços errados; b) introduzir medidas que irão disciplinar/recompensar de formas a forçar as empresas manter um comportamento de busca de lucro "*market style*". O Estado deve desenvolver mecanismo de controle.

Um mecanismo de controle é um grupo de instituições que disciplina o comportamento econômico baseado no "feedback" de informações que podem ser acessadas. Nos países do Atlântico Norte, este mecanismo baseou-se no *princípio de competição de mercado* que disciplinou os atores econômicos e alocou os recursos com eficiência. Já o "resto"[21] utilizou do princípio de *reciprocidade* que disciplinou os receptores de subsídios e isto diminuiu as falhas do governo. Os subsídios foram uma forma de tornar as manufaturas rentáveis, mas não como doações. Os receptores dos subsídios tiveram sua performance monitorada por parâmetros que eram tanto redistributivos por natureza como também voltados para resultados.[22]

---

20 WADE, Robert. "East Asia's Economic Success: Conflicting Perspectives, Partial Insights, Shaky Evidence". *World Politics*, vol. 44, jan. 1992, p. 285.

21 A autora define o "resto" envolvendo países como Coreia, China, Índia, Malásia, Brasil etc. AMSDEN, 2013, p. 83; AMSDEN, Alice H. *A ascensão do "resto"*: os desafios ao ocidente de economias com industrialização tardia. São Paulo: Unesp, 2004.

22 AMSDEN, Alice H. "Industrialization under new WTO law". *In*: TOYE, John. (Coord.). *Trade and Development*: Directions for the 20th st Century. Cheltenham: Edward Elgar, 2003, p. 87.

b) O Estado deliberadamente distorceu a estrutura de preços através, entre outras coisas, subsídios, proteção, controle de preços e restrições e movimentos financeiros ou de crédito. Estabelecer "preços errados"[23] significa manipular os preços de formas a refletir as externalidades geradas pelas imperfeições de mercado. Na Coreia, por exemplo, "preços errados" foram certos por que a disciplina exercida pelo governo sobre os negócios permitiu que a proteção e os subsídios pudessem ser mais efetivos.

c) As ações do Estado coreano foram complementadas pelos grandes e diversificados conglomerados que passaram a ocupar posição dominante na economia.

d) O Estado não só promoveu o crescimento dos conglomerados, mas também disciplinou esses conglomerados, sistema de "performance based allocation". Esta disciplina era bem diferente do "arm's length" (braço de ferro) da teoria neoclássica entre governo e empresas.

A autora ressaltou a importância do uso do sistema de alocação baseado em performance como central para o sucesso econômico. É possível ilustrar esse sistema (mecanismo de controle) para o caso da Tailândia:[24]

i) incentivos à indústria (incentivos fiscais, créditos subsidiados e benefícios diferenciados para empresas estrangeiras);

ii) Contrapartida: cumprimento de padrões de desempenho/performance estabelecidos pelo órgão planejador/

---

23 Em oposição ao mecanismo de alocação de recursos neoclássico de "preços certos".

24 AMSDEN, Alice H. "Industrialization under new WTO law". *In*: TOYE, John. (Coord.). *Trade and Development*: Directions for the 20th st Century. Cheltenham: Edward Elgar, 2003, p. 88.

regulador do governo (metas de exportação, exigências de conteúdo local, tetos de endividamento, escala mínima de produção, critérios de localização regional e metas de investimento.

iii) isenção de imposto de importação para setores estratégicos;

iv) benefícios para expansão via criação de novas plantas e não para fusões e aquisições.

v) em caso de não cumprimento das metas os benefícios seriam retirados.

e) O governo extensivamente restringiu e direcionou a competição no mercado doméstico, também encorajou fortemente as empresas a exportarem, submetendo essas empresas a competição intensiva nos mercados internacionais. Sucesso no mercado externo era o principal critério para obter subsídios

f) A chave para o sucesso dos concursos baseia-se na integridade dos "juízes". Bons salários para o setor público. Em Formosa, o salário no setor público 60-65 por cento ao do setor privado. Na Coreia, 82-99 por cento; Em Singapura este salário é maior que no setor privado. Comparando, na Argentina, o mesmo era de 25 a 30 por cento; na Somália, 25 por cento.[25]

Chang,[26] analisando a experiência de sucesso da Coreia do Sul, destaca que políticas macroeconômicas eram vistas como pouco efetivas em promoverem o rápido *upgrading* da estrutura industrial no curto prazo. Consequentemente, estas, receberam os status de

---

25 CYPHER, James M.; DIETZ, James L. *The process of economic development*. Nova York: Routledge, 2002, p. 317.

26 CHANG, 1999.

secundárias com relação à política industrial. Para este autor, a intervenção estatal funcionou como segue:

> Para os gestores coreanos (GC), a dependência com relação às poupanças externas era vista como o grande problema econômico. Consequentemente, os *policy makers* adotaram a estratégia de construir uma economia com capacidade tecnológica suficiente, de formas a permitir um padrão de vida razoável sem o problema crônico de déficit no Balanço de Pagamentos. Para eles, a causa deste déficit estava associada ao baixo desenvolvimento da indústria de bens de capital e de bens intermediários. Portanto, um direcionamento da política industrial para estas indústrias.[27]

O Estado coreano escolhia, a cada momento, diversas indústrias como setores prioritários e garantia/fornecia suporte massivo a elas. Todavia, ocorria um controle pesado do governo. Estas empresas eram submetidas ao controle do Estado em tecnologia (métodos de produção e produtos), entrada, capacidade de expansão e preços. A ferramenta de monitoramento mais importante era os "*policy loans*". Os violadores das restrições poderiam ser severamente punidos. Havia um sistema severo de monitoramento da performance de exportações mensais. O Estado estava bem-informado, condição fundamental para uma política industrial efetiva

Na medida que se deslocavam para setores de alta produtividade, indústrias caracterizadas por alta economia de escala, haviam dois desafios a enfrentar: a) as firmas eram instruídas pelo Estado a construírem fábricas com escala eficiente de produção. Isto as levava a exportar o mais rápido possível. Fusões por iniciativa do Estado ou subsidiadas pelo Estado eram frequentemente implantadas (quando as firmas eram consideradas pequenas); b) o Estado inibia o excesso de competição. Firmas com grandes "sunk costs" tendem a envolver-se em guerras de preços, ou seja, competição excessiva resulta em "social waste".

---

27 CHANG, 1999, p. 138.

Chang,[28] observa que para os gestores coreanos a prioridade eram os investimentos essenciais para o crescimento. A política macroeconômica (mais gerenciamento do investimento do que da demanda agregada) era alavancada para a criação de um ambiente expancionário (se necessário via medidas inflacionárias) vital para a manutenção de um alto nível de investimento.

Retornando à Amsden, Wade[29] observa que a autora destaca uma diferença central entres países em desenvolvimento e desenvolvidos os "latecomers" de Schumpeter.[30] Os desenvolvidos foram direcionados por inovações schupterianas enquanto os em desenvolvimento (capitalistas tardios) foram direcionados pelo aprendizado tecnológico (learning) ou seja, emprestando, adaptando e inovando em cima de desenhos estrangeiros. A nova forma de disciplina sobre o comportamento da firma é o Estado em si. Modelos schumpterianos "technological driven" não levam isto em consideração

No tocante à tecnologia, o Estado importa tecnologia Alpha e desenvolve tecnologia Beta. Tecnologia Alpha, ou seja, a tecnologia mais eficiente disponível. Desenvolvimento de tecnologia Beta envolve capital humano, infraestrutura social e institucional condizente com uma sociedade tecnologicamente avançada e uma sociedade de alta renda. Isto permitiria a difusão da tecnologia e a necessidade de educar as pessoas na ciência de forma a facilitar o processo.

---

28 CHANG, Ha-Joon. "Breaking the Mould – An Institutionalist Political Economy Alternative to the Neo-Liberal Theory of the Market and the State". *Cambridge Journal of Economics*, vol. 26, nº 5, 2002.

29 WADE, Robert. "East Asia's Economic Success: Conflicting Perspectives, Partial Insights, Shaky Evidence". *World Politics*, vol. 44, jan. 1992.

30 SCHUMPETER, Joseph Alois. *Teoria do desenvolvimento econômico*: uma investigação sobre lucros, capital, crédito, juro e o ciclo econômico. 1ª ed. (Coleção Os Economistas). São Paulo: Nova Cultural, [1934] 1997.

3 O Papel da tecnologia no processo de desenvolvimento econômico

Muitas experiências de sucesso de empresas privadas foram dependentes de inovações financiadas pelo Estado. Exemplificando, por meio dos investimentos nos estágios iniciais de desenvolvimento de tecnologias, o Estado age na liderança dos processos de criação de novos produtos e dos mercados, assumindo os riscos e incertezas do setor privado. O ambiente na qual a empresa está inserida está sujeito a influências externas que não podem ser controladas pelo setor privado. Para controlar essa limitação, o Estado busca alterar e influenciar o ambiente econômico em que elas estão inseridas. O Estado é importante na formulação de políticas industriais e tecnológicas para o desenvolvimento do Sistema Setorial de Inovação (SSI).[31]

Tecnologia é muito mais do que um componente em estratégias de desenvolvimento, é um elemento condicionante de sua viabilidade. A era da informação abriu um vasto campo de novas possibilidades e condições propícias de desenvolvimento.[32]

O saudoso Sanjaya Lall destaca o aumento da produtividade, como pré-condição para uma industrialização bem-sucedida. Esta depende da presença de capacidades adequadas e implementadas de maneiras que variam de setor para setor e de país para país. A construção de capacidades envolve esforço em todos os níveis: aquisição, produção, engenharia de processo ou produto, gestão

---

31 MAZZUCATO, Mariana. *O Estado empreendedor*: desmistificando o mito do setor público vs. Setor privado. São Paulo: Companhia das Letras, 2014.

32 PEREZ, Cartola. "Technological change and opportunities and opportunities for development as a moving target". *In*: TOYE, John. *Trade and Development*: Directions for the 21st Century. Cheltenham: Edward Elgar, 2003.

de qualidade, manutenção, controle de estoque, logística de saída, marketing e links externos.[33]

> *However, most of Latin American failed to adapt, and lived through the aptly designated "Lost decade". The "four tigers" in Asia, on the other hand, took the leap forward by capturing market after market from behind and at the edges of fast growing revolutionary industries. They also rejuvenated mature technologies with modern practices and joined the networks of global firms as original equipment manufacturer (OEM) suppliers of parts and components. The intense learning, and the emphasis on human capital and on the active absorption of technology which was behind these achievements, cannot be overstated (Amsden, 1989 chap 9). This was in sharp contrast to the much more passive "transfer of technology" practices still common in most Latin American and African countries.*[34]

Para Perez, oportunidades de desenvolvimento são como um alvo móvel. Janelas de oportunidade para o desenvolvimento surgem e mudam na medida que sucessivas revoluções tecnológicas são implantadas em países desenvolvidos. Transferência de tecnologias e de unidades de produção só devem ser adotadas se representarem benefícios mútuos. Ilustrando, até os anos 1970, período de industrialização por substituição de importações (ISI), representou um jogo de soma positiva para os países desenvolvidos porque suas

---

33 LALL, Sanjava. "Understanding Technology Development". *Development and Change*, vol. 24, out. 1993. Disponível em: https://doi.org/10.1111/j.1467-7660.1993.tb00502.x. Acessado em: 17.10.2022.

34 PEREZ, Cartola. "Technological change and opportunities and opportunities for development as a moving target". *In*: TOYE, John. *Trade and Development*: Directions for the 21st Century. Cheltenham: Edward Elgar, 2003, p. 119.

empresas maduras enfrentavam restrições tanto em seus mercados como aquelas de natureza tecnológica.[35]

Portanto, é mister compreender como a tecnologia evoluiu e, a partir daí, pensar o desenvolvimento como um aprendizado de como beneficiar-se destas oportunidades cambiantes. Exemplificando, a advento da revolução da informática mudou a condição que estava presente no período de ISI. Esta criou opções diferentes e viáveis. Todavia, faz-se necessário nas palavras de Lall a construção de capacidades (requerimentos institucionais) para conviver/lidar com o novo paradigma de redes flexíveis.

O papel das tecnologias importadas foi a base da industrialização dos "*late comers*" (EUA, Alemanha e França). O mesmo aconteceu com o Japão de posteriormente com os Tigres Asiáticos. Isto envolveu adaptar, modificar e gradualmente dominar o know-how técnico envolvido. Por outro lado, segundo a autora, países da América Latina e da África não foram felizes em realizar isso. Ou seja, não souberam tomar partido das janelas de oportunidades criadas pela evolução tecnológica nestes países.

Na análise da evolução de cada um dos paradigmas tecnológicos que mudam, aproximadamente, a cada cinquenta anos,[36] Perez[37] utiliza-se do ciclo de vida do produto de Vernon. Classifica os estágios de evolução de um novo paradigma tecnológico como

---

35 PEREZ, Cartola. "Technological change and opportunities and opportunities for development as a moving target". *In*: TOYE, John. *Trade and Development*: Directions for the 21st Century. Cheltenham: Edward Elgar, 2003, p. 100.

36 Primeira Revolução Industrial, 1780-1830; a era do vapor, 1827 a 1873; a era do aço, 1875 a 1918; a era do petróleo, automóvel e da produção em massa, 1910 a 1974; a era da informação 1971 em diante.

37 PEREZ, Cartola. "Technological change and opportunities and opportunities for development as a moving target". *In*: TOYE, John. *Trade and Development*: Directions for the 21st Century. Cheltenham: Edward Elgar, 2003.

fase de lançamento a fase de padronização e fase de maturação. A partir daí analisa as oportunidades de "catching up" dos PDs.

À primeira vista, a fase de lançamento, que envolve alto conhecimento tecnológico só parece viável para os países desenvolvidos. Todavia, a partir do paradigma associado à revolução da tecnologia da informação, o conhecimento neste estágio é público (universidades etc.). Como exemplo, o Vale do Silício e seus imitadores através do mundo. O fator de restrição para os países em desenvolvimento está associado ao contexto.

Como criar este contexto? Uma alternativa, seria entrar/receber tecnologias maduras do estágio anterior. Tecnologias maduras podem ser um ponto de partida, mas não um fim em si mesmo. Estas possuem um potencial mínimo para o lucro; encontram os mercados já estagnados; e não existe espaço para melhorar a produtividade.

O objetivo aqui é criar vantagens dinâmicas e externalidades físicas, sociais e infraestrutura tecnológica para absorver as novas tecnologias. Isto seria factível na medida em que se conheça bem o desenvolvimento da evolução tecnológica dos países desenvolvidos e das janelas de oportunidades criadas a partir deste desenvolvimento. As maiores brechas se encontram nas revoluções tecnológicas que promovem alterações significativas na direção de mudanças tecnológicas.

3.1 Desenvolvimento como um aprendizado de como tirar vantagem sobre oportunidades que se modificam

Uma evolução tecnológica é caracterizada por continuidades e descontinuidades e é intrínseca ao sistema capitalista.[38] No nível

---

38 PEREZ, Cartola. "Technological change and opportunities and opportunities for development as a moving target". *In*: TOYE, John. *Trade and Development*: Directions for the 21st Century. Cheltenham: Edward Elgar, 2003, p. 112.

micro uma inovação radical representa uma descontinuidade seguida por uma evolução continua até que outra inovação radical surja. No nível macro, a inovação radical gera descontinuidades e induz a grandes ciclos de crescimento nos países centrais. Ela engloba e rejuvenesce a maioria das indústrias previamente existentes e finalmente se espalha pelos países da periferia enquanto um novo ciclo (inovação radical) surge nos países centrais.

Países em desenvolvimento, portanto, estão em uma corrida em busca de alvo móvel. Ele não somente se move constantemente para frente, mas também a cada meio século muda de direção. Isto representa uma chance de quebrar o ciclo vicioso de subdesenvolvimento por meio de políticas apropriadas. As condições mais favoráveis ocorrem durantes período de mudança de paradigma.

Durante o período de transição (20 anos ou mais) os dois paradigmas convivem. Paradoxalmente é neste período, com as piores condições sociais e econômicas, que as melhores oportunidades aparecem. A autora cita como exemplo os chips de memória da Coreia e os *disk driver* de Singapura. Resumindo a visão da autora:

Desenvolver não é só acumular capital e trabalho. Ela enfatiza a necessidade de acumular capacidades sociais. Exemplificando, através de um Sistema Nacional e Regional de Inovação, cada revolução tecnológica é um "*cluster*" de sistemas tecnológicos que criam condições para o surgimento de outros sistemas. Países em desenvolvimento que não se deram bem no paradigma anterior podem se dar bem no próximo.

4 Sistema Nacional de Inovação e Sistema Setorial de Inovação

A partir da década de 1980, num período demarcado pela crescente incorporação de conhecimentos tecnológicos nas atividades produtivas, o conceito e as características da inovação passaram a ser um fator fundamental para entender o progresso tecnológico como elemento muito importante para o desenvolvimento econômico em economias capitalistas.[39] Como destaca Perez,[40] tecnologia é muito mais do que um componente em estratégias de desenvolvimento, ela é um elemento condicionante de sua viabilidade.

Nelson e Winter[41] pontuam que, Schumpeter não levou em consideração que um processo efetivo de desenvolvimento de novas tecnologias necessita de uma estrutura institucional bastante diferente daquelas da onda de inovação anterior dos *late comers* (EUA, Alemanha e França). Ele não explorou as relações e inter-relações entre o conjunto de agentes econômicos que são responsáveis pelo processo de inovação. Portanto, estes autores desenvolveram a perspectiva evolucionária a partir da importância das instituições e organizações que podem, de alguma forma, incentivar a ocorrência das inovações.

Dessa forma, fatores que envolvem relações entre institutos de pesquisa e universidades com as firmas; as relações entre firmas do mesmo setor produtivo ou de setores diferentes; as relações estabelecidas entre o Estado e os próprios setores industriais, entre outras, são responsáveis por influenciar de forma positiva o desenvolvimento de tecnologia e inovação dentro de um ambiente sistêmico. Daí derivam-se os conceitos de Sistema Nacional de Inovação e Sistema Setorial de Inovação que iremos detalhar a seguir.

---

39 TORRES, Ricardo. "A inovação na teoria econômica: uma revisão". *VI Encontro de Economia Catarinense*, Joinville, 2012.

40 PEREZ, Cartola. "Technological change and opportunities and opportunities for development as a moving target". *In*: TOYE, John. *Trade and Development*: Directions for the 21st Century. Cheltenham: Edward Elgar, 2003.

41 NELSON, Richard R.; WINTER, Sidney G. *An evolutionary theory of economic change*. Londres: Harvard University, 2006.

5 Sistema Nacional de Inovação

Sistema Nacional de Inovação (SNI) corresponde a um entendimento de que o Estado realiza políticas tecnológicas e de inovação em um contexto nacional, isto é, visa influenciar e direcionar a criação, difusão e absorção de tecnologia e inovação para os mais variados setores industriais da nação.[42] Trata-se de uma estratégia nacional e não direcionada para um setor específico. Por outro lado, a abordagem setorial (Sistema Setorial de Informação) parte do princípio de que o Estado adota políticas tecnológicas e científicas em setores específicos, normalmente aqueles que são estratégicos e fundamentais para o desenvolvimento de um país.

Dessa forma, o SNI influencia diretamente a inovação e o desenvolvimento tecnológico de setores produtivos. O Sistema Setorial de Inovação, que iremos definir em seguida, é influenciado pela dinâmica no Sistema Nacional de Inovação.

6 Sistema Setorial de Inovação

Um Sistema Setorial de Inovação (SSI) e produção corresponde a uma estrutura de interações de um setor produtivo nacional específico. O conceito de SSI diz respeito à dinâmica de relações dentro de um determinado setor produtivo. Isto é, aborda as relações entre firmas de um mesmo setor produtivo e firmas de diferentes setores produtivos no que tange ao desenvolvimento tecnológico.

Compreender a dinâmica de um SSI é fundamental para identificar quais são os fatores que influenciam a inovação e a competitividade das firmas. Também será possível entender de que forma se estabelecem as relações entre os agentes participantes e quais são

42 FREEMAN, Chris. "The National System of Innovation in historical perspective". *Cambridge Journal of Economics*, vol. 19, 1995.

os agentes centrais nesse sistema. Vale dizer, cada agente possui competências e funções distintas dentro do sistema.

Assim sendo, o aprendizado e conhecimento podem ser difundidos por meio das relações e interações entre esses atores que possuem habilidades e competência diferentes, e que geram valor para o sistema em que estão inseridos. Nesse sentido, as políticas industrial, tecnológica e de inovação influenciam diretamente um setor produtivo específico, mas podem desencadear e espelhar impactos em outros setores que se associam a esse setor específico.[43]

A abordagem neo-schumpeteriana remete à atuação da política industrial em um ambiente sistêmico, de forma que o Estado tenha o papel de se apresentar como agente de regulamentação e promover a interação entre os agentes que pertencem ao SSI. Nesse cenário, a política industrial deve se orientar para o estímulo às relações interativas (competitivas e cooperativas) que se mostram mais favoráveis ao desenvolvimento tecnológico e científico.

Considerações finais

- Amsden e a OMC

A revisão da literatura realizada deixa claro que as alternativas às propostas de desenvolvimento neoliberal envolvem protecionismo e o usos de subsídios. Todavia, o Consenso de Washington Aumentado e a OMC apresentam barreiras que à primeira vista parecem intransponíveis para os países em desenvolvimento. Chesnais[44] destaca o caráter excludente e concentrador da mundialização do capital.

---

43 MALERBA, Franco. “Sectoral systems of innovation and production”. *Research Policy*, Bocconi University, vol. 31, 2002.

44 CHESNAIS, François. *A mundialização do capital.* São Paulo: Xamã, 1996.

Amsden,[45] neste artigo apresenta formas de sair do impasse acima. Isto pode contribuir para uma proposta para a retomada do esforço de desenvolvimento e industrialização do Brasil. Ela demonstra que é possível para países de industrialização atrasada construir e aprimorar um setor manufatureiro sob as novas regras da OMC.

- Salvaguardas e proteção à indústria nascente

Amsden[46] observa que a OMC, como o GATT, permite que os membros se protejam de dois tipos de competição de importação estrangeira: competição de importação que desestabilizem seu balanço de pagamentos (Artigo XVIII); e concorrência enfrentada por suas indústrias individuais, por exemplo, devido a um aumento repentino nas importações (Artigo XIX sobre salvaguardas temporárias). O GATT não estabelecia prazo para duração dessas salvaguardas enquanto a OMC limita sua duração a oito anos. No tocante à proteção, a indústria nascente ainda é permissível.[47]

- Subsídios

A autora os categoriza de três formas. Aqueles proibidos, principalmente os usados para promover as exportações e também os utilizados nos insumos que substituam insumos importados. Os acionáveis, ou seja, eles podem ser aplicados após um ato que, perante provas, causou um prejuízo. Os permitidos, e estes são bastante importantes no tocante ao nosso objeto de estudo. Os que promovem P&D, desenvolvimento regional e/ou ambiental. Nesse

45 AMSDEN, Alice H. "Industrialization under new WTO law". *In*: TOYE, John. (Coord.). *Trade and Development*: Directions for the 20th st Century. Cheltenham: Edward Elgar, 2003.

46 AMSDEN, Alice H. "Industrialization under new WTO law". *In*: TOYE, John. (Coord.). *Trade and Development*: Directions for the 20th st Century. Cheltenham: Edward Elgar, 2003, p. 82.

47 AMSDEN, Alice H. "Industrialization under new WTO law". *In*: TOYE, John. (Coord.). *Trade and Development*: Directions for the 20th st Century. Cheltenham: Edward Elgar, 2003, p. 95.

sentido, qualquer indústria high-tech pode receber subsídios objetivando o fortalecimento da ciência e da tecnologia.[48]

- Princípio de reciprocidade

A autora observa o antagonismo entre o *princípio de reciprocidade* discutido no mecanismo de controle e a liberação de comércio preconizado pela OMC. Este se tornou menos utilizado no âmbito da industrialização, mas passou a ser muito utilizado na promoção de ciência e tecnologia em alguns países do resto que ela chama de independentes. Estes independentes investiram pesadamente nas habilidades nacionais e na propriedade de "knowledge based assets".

Este *princípio de reciprocidade* operou nos independentes com relação à ciência e tecnologia. Escolheram indústria de tecnologia high tech através de institutos públicos de pesquisa como também nos parques científicos ou tecnológicos. Estes parques têm como objetivo promover o desenvolvimento industrial por meios de P&DO objetivo é a produção de conhecimento tecnológico próprio (propriedade intelectual). Eles foram criados em Formosa (Taiwan), na Coreia e na China.

- O Brasil até os anos 1970

Entre 1930 e 1970, pode-se argumentar que, embora o Brasil tenha conseguido estruturar a indústria para convergir com os padrões industriais e tecnológicos internacionais, sua política industrial nesse período não foi funcional para acompanhar ("catching up") as novas tecnologias da década de 1980.

---

48 AMSDEN, Alice H. "Industrialization under new WTO law". *In*: TOYE, John. (Coord.). *Trade and Development*: Directions for the 20th st Century. Cheltenham: Edward Elgar, 2003, p. 86.

Segundo Suzigan,[49] os problemas relacionados ao *catching up* enfrentado pela indústria brasileira foram:

a) excessivo protecionismo vis-à-vis intervenção seletiva, e sem exigência de contrapartida no desempenho das exportações ou no desenvolvimento técnico.

b) ênfase tardia e insuficiente na promoção das exportações.

c) um abandono quase total da capacidade técnica criativa;

d) grande concessão de subsídios (fiscais e financeiros) à formação de capital industrial e à exportação de manufaturados.

e) forte intervenção do Estado, i) principalmente sobre investimento[illegible] preços e salários; ii) criação de reservas de mercad[illegible] em alguns setores ou indústrias; iii) elimin[illegible]ção de preços; iv) redução ou estagna[illegible] reais que não lucraram com o aumen[illegible]ade.

- Refl[illegible]

Para qu[illegible]a retomar seu desenvolvimento industrial, é nece[illegible]ma nova política industrial e tecnológica nos molde[illegible]tidas nas seções anteriores. Para resumir, vamos uti[illegible]dura as propostas de um dos grandes especialistas em in[illegible]lização latino-americana, Fajnzylber.[50] Este autor, sempre atual, defende as seguintes medidas:

---

49 SUZIGAN, Wilson. "Experiência histórica de política industrial no Brasil". *Revista de Economia Política*, vol. 16, nº 1, jan.-mar. 1996, p. 14.

50 FAJNZYLBER, Fernando. *Unavoidable industrial restructuring in Latin America*. North Carolina: Duke University Press, 1990, p. 188.

1. Substituir "renda não renovável" obtida com a exploração de recursos naturais por "renda renovável" que poderia ser obtida incorporando o progresso tecnológico ao setor produtivo.

2. Transferir a prioridade do setor manufatureiro como um todo para subsetores específicos que contribuam para incorporar e disseminar o progresso tecnológico ao setor produtivo como um todo. As propostas e discussões de Amsden, Chang, Perez e Lall nos auxiliariam a preencher essa moldura.

3. Promover a inserção na economia internacional, aumentando a produtividade e a competitividade em setores específicos. Novamente, os insights de Chang, Amsden e Perez mostram como desenhar rotas a percorrer.

4. Introduzir mudanças nas instituições e políticas públicas com o objetivo de filtrar as políticas do setor privado que estejam em consonância com os três primeiros passos. O desenvolvimento de Sistema Setoriais de Informação para os segmentos priorizados é um caminho.

5. Criar um clima institucional que promova a cooperação estratégica entre os setores governamental, empresarial e trabalhista. Isto poderia ficar a cargo de um Sistema Nacional de Inovação.

Referências bibliográficas

AMSDEN, Alice H. "Industrialization under new WTO law". *In*: TOYE, John. (Coord.). *Trade and Development*: Directions for the 20th st Century. Cheltenham: Edward Elgar, 2003.

______. *A ascensão do "resto"*: os desafios ao ocidente de economias com industrialização tardia. São Paulo: Unesp, 2004.

______. *Asia's Next Giant*: South Korea and Late Industrialization. Nova York: Oxford University Press, 1992.

CHANG, Ha-Joon. "Breaking the Mould – An Institutionalist Political Economy Alternative to the Neo-Liberal Theory of the Market and the State". *Cambridge Journal of Economics*, vol. 26, nº 5, 2002.

______. "The Political Economy of Industrial Policy in Korea". *Cambridge Journal of Economics*, vol. 17, nº 2, 1993.

CHESNAIS, François. *A mundialização do capital*. São Paulo: Xamã, 1996.

CYPHER, James M.; DIETZ, James L. *The process of economic development*. Nova York: Routledge, 2002.

FAJNZYLBER, Fernando. *Unavoidable industrial restructuring in Latin America*. North Carolina: Duke University Press, 1990.

FREEMAN, Chris. "The National System of Innovation in historical perspective". *Cambridge Journal of Economics*, vol. 19, 1995.

GERSCHENKRON, Alexander. *Economic backwardness in historical perspective*. Cambridge: Belknap Press, 1966.

LALL, Sanjava. "Understanding Technology Development". *Development and Change*, vol. 24, out. 1993. Disponível em: https://doi.org/10.1111/j.1467-7660.1993.tb00502.x. Acessado em: 17.10.2022.

LAYLARD, Richard; WALTERS, A. A. *Microeconomic theory*. Nova York: McGraw-Hill, 1978.

MALERBA, Franco. "Sectoral systems of innovation and production". *Research Policy*, Bocconi University, vol. 31, 2002.

MAZZUCATO, Mariana. *O Estado empreendedor*: desmistificando o mito do setor público vs. Setor privado. São Paulo: Companhia das Letras, 2014.

NELSON, Richard R.; WINTER, Sidney G. *An evolutionary theory of economic change*. Londres: Harvard University, 2006.

PEREZ, Cartola. "Technological change and opportunities and opportunities for development as a moving target". *In*: TOYE, John. *Trade and Development*: Directions for the 21st Century. Cheltenham: Edward Elgar, 2003.

REINERT, Erik S. *How rich countries got rich... a nd why poor countries stay poor*. Londres: Constable, 2007.

SCHUMPETER, Joseph Alois. *Teoria do desenvolvimento econômico*: uma investigação sobre lucros, capital, crédito, juro e o ciclo econômico. 1ª ed. (Coleção Os Economistas). São Paulo: Nova Cultural, [1934] 1997.

SUZIGAN, Wilson. "Experiência histórica de política industrial no Brasil". *Revista de Economia Política*, vol. 16, nº 1, jan.-mar. 1996.

TAYLOR, Lance; SHAPIRO, Helen. "The state and industrial strategy". *World Development*, vol. 18, nº 6, 1990.

TORRES, Ricardo. "A inovação na teoria econômica: uma revisão". *VI Encontro de Economia Catarinense*, Joinville, 2012.

TOYE, John. *Dilemmas of development*: reflections on the counter-revolution in development theory and policy. Oxford: Basil Blackwell, 1987.

WADE, Robert. "East Asia's Economic Success: Conflicting Perspectives, Partial Insights, Shaky Evidence". *World Politics*, vol. 44, jan. 1992.

NOTAS

A Editora Contracorrente se preocupa com todos os detalhes de suas obras! Aos curiosos, informamos que este livro foi impresso no mês de novembro de 2022, em papel Pólen Natural 80g, pela Gráfica Copiart.